Croissance et chômage

Rapport

Olivier Blanchard
Jean-Paul Fitoussi

Commentaires

Edmond Malinvaud
Gilbert Cette

Compléments et Annexes

DARES, Direction de la Prévision,
INSEE et OFCE

© La Documentation française. Paris, 1998 - ISBN : 2-11-003945-0

La création du Conseil d'Analyse Économique « *répond à la nécessité pour un gouvernement trop souvent confronté à l'urgence, de pouvoir se référer à une structure de réflexion qui lui permette d'éclairer ses choix dans le domaine économique. J'ai souhaité aussi créer un lien entre deux mondes qui trop souvent s'ignorent, celui de la décision économique publique et celui de la réflexion économique, universitaire ou non.*

J'ai pris soin de composer ce Conseil de façon à tenir compte de toutes les sensibilités. Le Conseil d'Analyse Économique est pluraliste. C'est là un de ses atouts principaux, auquel je suis très attaché. Il doit être un lieu de confrontations sans a priori et les personnes qui le composent doivent pouvoir s'exprimer en toute indépendance. Cette indépendance – je le sais – vous y tenez, mais surtout je la souhaite moi-même.

Ces délibérations n'aboutiront pas toujours à des conclusions partagées par tous les membres ; l'essentiel à mes yeux est que tous les avis puissent s'exprimer, sans qu'il y ait nécessairement consensus.

...

La mission de ce Conseil est essentielle : il s'agit, par vos débats, d'analyser les problèmes économiques du pays et d'exposer les différentes options envisageables. »

Lionel Jospin, Premier Ministre
Discours d'ouverture de la séance d'installation du Conseil d'Analyse économique, le 24 juillet 1997. Salle du Conseil, Hôtel de Matignon.

Sommaire

Introduction

Depuis le milieu des années soixante-dix la France a connu, comme d'ailleurs ses partenaires d'Europe continentale, une décélération continue de la croissance, à l'exception de la brève reprise de la fin des années quatre-vingt. Quelle est la part des facteurs d'offre et de demande dans cette évolution ? Quels liens y a-t-il entre ce ralentissement de la croissance et la montée puis la persistance d'un chômage de masse ? Quel taux de croissance faudrait-il retrouver au cours des prochaines années pour engendrer une baisse significative du chômage ? Quelles politiques permettraient de retrouver une croissance durable ? Telles sont les questions qu'aborde ce quatrième rapport du Conseil d'Analyse Économique consacré à la croissance et l'emploi.

Olivier Blanchard, professeur à Harvard et Jean-Paul Fitoussi, professeur à l'Institut d'Études Politiques et président de l'OFCE, analysent tout d'abord dans leur rapport les causes de ce ralentissement de la croissance qu'ils attribuent à trois facteurs :
– une baisse du rythme de croissance de la productivité potentielle, à partir du milieu des années soixante-dix ;
– une augmentation du chômage d'équilibre jusqu'au milieu des années quatre-vingt ;
– une insuffisance de la demande globale, depuis le début des années quatre-vingt-dix.

Ils examinent ensuite quel rythme de croissance serait nécessaire pour abaisser le taux de chômage à 7,5 % au terme de 5 ans et concluent qu'une croissance d'environ 3,6 à 3,8 % le permettrait, sans accélérer l'inflation. Ils plaident enfin pour agir à la fois sur la demande pour réduire la composante keynésienne du chômage, et sur l'offre pour réduire le chômage d'équilibre.

Ce rapport est commenté par Edmond Malinvaud, professeur honoraire au Collège de France et Gilbert Cette, professeur associé à l'université d'Aix-Marseille et conseiller scientifique au CAE. Le rythme de croissance estimé par les auteurs du rapport pour réduire le chômage d'un point par an paraît sous-estimé à Edmond Malinvaud qui l'évalue plutôt aux environs de 4 %. Or, un tel rythme de croissance lui semble à la fois difficile à atteindre et présenter des risques de tensions inflationnistes, même dans l'hypothèse d'un redémarrage rapide de l'investissement. Gilbert Cette partage la même analyse et rappelle l'épisode du haut de cycle de la fin des années quatre-vingt, où la reprise s'est accompagnée de tensions sur les capacités de production et de difficultés de recrutement des entreprises.

Le rapport initial a été présenté à la séance du 4 octobre 1997 du Conseil d'Analyse Économique. Il a été ensuite présenté et discuté en présence du Premier Ministre à la séance du 11 décembre 1997. Le Premier Ministre ayant souhaité voir approfondie la question du lien entre croissance, emploi et chômage, la discussion sur ce thème s'est poursuivie à la séance du 22 janvier 1998 présidée par le Premier Ministre.

La seconde partie de cet ouvrage est consacrée aux réponses apportées par les administrations économiques et par les auteurs du rapport aux questions du Premier Ministre concernant, le rythme de croissance nécessaire pour commencer à réduire le chômage, les perpectives de croissance et d'emploi à moyen terme et l'impact des allégements de charges sociales sur le contenu en emploi de la croissance. Paul Champsaur, directeur général de l'INSEE, analyse l'évolution de la population active et de la productivité, ainsi que la relation entre croissance, emploi et chômage sur longue période, en soulignant le rôle du temps partiel et de l'allégement du coût du travail peu qualifié dans l'augmentation du contenu en emploi de la croissance. Claude Seibel, directeur de la DARES, évalue l'enrichissement récent du contenu en emploi de la croissance à 0,5 point par an se décomposant pour 2/3 en réduction du temps de travail résultant du développement du temps partiel et 1/3 en effet de la baisse du coût du travail peu qualifié. Jean-Philippe Cotis, directeur de la Prévision, évoque l'écart entre la croissance potentielle et la croissance effective et en déduit que, compte tenu d'un déficit de demande proche de 4 % du PIB en 1996, la France pourrait soutenir sans accélération de l'inflation une croissance de 3 % l'an pendant 4 ou 5 ans.

En conclusion, Jean-Paul Fitoussi évoque la complémentarité entre la croissance et la réduction du temps de travail, d'une part parce qu'à long terme la croissance rend solvable la demande de loisirs, d'autre part parce que la réduction du temps de travail permet, en terme d'emploi, d'économiser l'équivalent de deux points de croissance. Par rapport aux évaluations du rapport, il « suffirait » alors que le taux de croissance s'établisse entre 3,2 et 3,4 % en moyenne pour revenir en 5 ans à un taux de chômage de 7,5 %.

Trois annexes complètent le rapport. La première concerne les perspectives macro-économiques à moyen terme établies par l'INSEE et la Direction de la Prévision et résumées dans les travaux préparatoires à la Conférence nationale sur l'emploi, les salaires et le temps de travail du 10 octobre 1997. La deuxième, établie par la Direction de la Prévision, traite de la croissance potentielle. La troisième est une version résumée de l'étude de l'impact sur l'emploi de la politique de réduction du temps de travail publiée par l'OFCE dans sa lettre de janvier 1998.

Pierre-Alain Muet
Conseiller auprès du Premier Ministre
Professeur à l'École Polytechnique

Croissance et chômage (*)

Olivier Blanchard

Professeur au MIT

Jean-Paul Fitoussi

Professeur à l'Institut d'Études Politiques

L'histoire de la croissance française depuis le milieu des années soixante-dix est celle d'une décélération continue. Entre 1965 et 1975, le taux de croissance annuel moyen de la France fut de 4,4 %. Depuis 1975, il n'est plus que de 2,3 %. Et si l'on en juge sur la période la plus récente, il connaît un nouvel infléchissement n'étant plus que de 1,1 % depuis 1990. Quelles sont les raisons de ce ralentissement ? Et quel devrait être le rôle de la politique économique pour y remédier ? L'objet de ce rapport est de tenter de répondre à ces questions. Nos conclusions peuvent être ainsi résumées.

L'évolution de la croissance en France depuis 1965 est le résultat de trois évolutions, distinctes mais interdépendantes :

– une baisse du rythme de croissance de la productivité potentielle, baisse qui semble remonter, comme dans la plupart des pays industrialisés, au milieu des années soixante-dix ;

– une diminution du taux d'emploi d'équilibre, diminution qui se traduit non seulement par l'augmentation du chômage, mais aussi par la diminution

(*) Cet article a été réalisé avec la collaboration de Frédéric Lerais.
Version révisée d'un article présenté au Conseil d'Analyse Économique le 2 octobre 1997. Nous remercions les membres du Conseil de leurs commentaires et suggestions, notamment nos principaux discutants Edmond Malinvaud et Gilbert Cette.
Le thème qui nous était alloué était « déficit de croissance et chômage ». L'expression « déficit de croissance » nous paraît trop ambiguë pour être utilisable. Une augmentation du chômage due à une demande trop faible est-elle le symptôme d'un déficit de croissance ? Probablement oui car, des politiques expansionnistes peuvent alors réduire le chômage, relancer la croissance et donc éliminer le « déficit de croissance ». Qu'en est-il d'une augmentation du chômage structurel ? Des mesures d'offre peuvent aussi réduire le chômage et permettre une croissance plus élevée. Il nous paraît donc préférable d'éviter cette expression.

du nombre d'heures ouvrées par travailleur et la réduction du taux de participation ;

– enfin, et surtout depuis le début des années quatre-vingt-dix, une insuffisance de la demande globale suscitant une croissance faible et une aggravation du chômage dont le taux dépasse largement son niveau d'équilibre. Le chômage en France aujourd'hui a incontestablement une composante keynésienne.

Confrontée à de telles évolutions, quel devrait être le rôle de la politique économique ? La première tendance n'a pas en soi de conséquences sur le chômage. Elle signifie qu'en longue période le niveau de vie des habitants du pays ne peut plus augmenter aussi rapidement que par le passé. On pourrait imaginer des politiques structurelles visant à élever le rythme de croissance de la productivité potentielle, d'autant que ce dernier n'est certainement pas exogène. Mais, en pratique l'expérience des pays industrialisés montre que les gouvernements ont bien du mal à agir de façon efficace sur cette variable.

Les deux autres évolutions, au contraire, expliquent l'aggravation du chômage français. C'est pourquoi à court comme à moyen terme, la politique économique doit centrer son action sur la réduction du chômage, dans toutes ses composantes : celle d'équilibre – par des mesures portant sur l'offre – et celle résultant de l'insuffisance de la demande effective, par des mesures d'expansion.

Quelle que soit la nature du chômage, sa réduction implique une croissance plus forte pendant un certain temps. Nos estimations montrent que, si l'on se donne comme objectif de revenir, en cinq ans, à un taux de chômage de 7,5 %, la croissance requise serait d'environ 3,6-3,8 % par an [1]. (Un taux de croissance supérieur à 4 % serait nécessaire, si l'on se donnait un objectif de retour du taux de chômage à 5 %.) Ces chiffres ne sont que des ordres de grandeur. Ils sont même peut-être sous-estimés ; mais leur message est clair. Un taux de croissance élevé pendant plusieurs années consécutives est nécessaire si l'on veut vraiment résoudre le problème du chômage.

Nous avons conscience que dans le climat de marasme économique qui s'est progressivement installé en Europe depuis le début de la présente décennie, un taux de croissance de près de 4 % pendant cinq ans puisse être considéré comme relevant d'une pure utopie. Mais nous avons volontairement choisi un objectif ambitieux, car nous souhaitons provoquer une discussion approfondie sur les raisons mêmes qui conduisent beaucoup d'économistes à le considérer comme étant hors de portée.

Quelles sont les mesures qui devraient être mises en œuvre pour réduire le chômage et maintenir un tel taux de croissance ? Notre réponse, qui découle de notre diagnostic quant à la nature du chômage aujourd'hui en

(1) Le taux de croissance requis serait bien sur inférieur si l'objectif avait un horizon plus éloigné ou si la durée du travail était sensiblement abaissée.

France, est que la politique économique doit comporter à la fois des mesures d'expansion de la demande et des mesures en faveur de l'offre. Nous ne croyons pas qu'un tel objectif se heurterait à des contraintes insurmontables du côté du capital. Par contre, il pourrait se heurter à l'inflation si des réformes structurelles n'étaient pas simultanément mises en œuvre pour réduire le chômage structurel. Parmi ces dernières, la réduction du coût du travail peu qualifié, par la médiation d'une baisse des cotisations sociales payées par les employeurs, et une gestion active du marché du travail nous paraissent être les mieux adaptées à la situation française. Dans un court terme, qui peut durer deux-trois ans, une demande plus élevée permettrait probablement la réduction du chômage sans que n'apparaissent de tensions inflationnistes. Pourtant les mesures d'expansion de la demande sont les plus difficiles à concevoir en raison des exigences de la construction européenne et du niveau encore relativement élevé des déficits publics aujourd'hui. Il nous paraît cependant qu'une baisse des cotisations sociales payées par les salariés les moins bien rémunérés représente l'exemple type d'une politique de demande à effet favorable sur l'offre puisqu'à court terme elle n'implique aucune augmentation des coûts salariaux et qu'à long terme elle favorise leur baisse, étant fondamentalement une politique de réduction des prélèvements obligatoires sur le travail.

Croissance effective et croissance potentielle

Pour analyser les raisons de la baisse de la croissance effective, il est utile de commencer par un peu d'arithmétique. En régime de croissance équilibrée, le taux de croissance de l'économie est donné par la relation :

$$\dot{y}^* = \dot{a}^* + \dot{L}$$

Le taux de croissance potentiel, $\dot{y}^*$ est égal à la somme du taux de croissance de la productivité potentielle ($\dot{a}^*$) et du taux de croissance de la population en âge de travailler ($\dot{L}$) (2). Le taux de croissance effectif, ($\dot{y}$), est lui égal à la somme du taux de croissance de la productivité du travail et du taux de croissance de l'emploi :

$$\dot{y} = \dot{a} + \dot{N}$$

On peut donc définir le taux de croissance effectif par la relation suivante :

$$\dot{y} = \dot{y}^* + (\dot{a} - \dot{a}^*) + (\dot{N} - \dot{L})$$

(2) La relation entre croissance des facteurs de production, croissance de la productivité totale des facteurs, et croissance de la production s'écrit : $\dot{y}^* = (1-a)\,\dot{k} + a\,\dot{L} + pgf$. Le long d'un sentier de croissance équilibrée, $\dot{k} = \dot{y}^*$, ce qui implique que $\dot{y}^* = \frac{pgf}{a} + \dot{L}$. Le taux de croissance de la productivité potentielle $\dot{a}^*$ est donc défini comme étant égal à $\frac{pgf}{a}$.

Une diminution de la croissance peut ainsi avoir trois origines :
– une baisse du taux de la croissance potentielle ;
– une croissance de la productivité du travail inférieure à la croissance de la productivité potentielle, en raison d'une réduction du rapport capital-produit ;
– une croissance de l'emploi inférieure à la croissance de la population en âge de travailler.

Les mesures correspondant aux différents termes de cette équation sont présentées dans le tableau 1 pour les périodes 1965-1975, 1975-1985 et 1985-1995. $\dot{a}*$ est construit en partant du résidu de Solow et en le divisant par la part des salaires dans la production (3). $\dot{N}$ est égal au taux de croissance de l'emploi ; $\dot{L}$, au taux de croissance de la population active.

1. Une arithmétique simple de la croissance française (en %)

	(1) Productivité potentielle	(2) Population active	(3) Croissance potentielle (1) + (2)	(4) Product./ Product. potentielle	(5) Emploi/ Population active	(6) Croissance effective (3) + (4) + (5)
1965-75	3,4	0,9	4,4	0,3	– 0,3	4,4
1975-85	1,8	0,8	2,6	0,4	– 0,7	2,3
1985-95	1,7	0,5	2,1	0,2	– 0,1	2,2

Source : Calculs des auteurs à partir des *Perspectives de l'OCDE*.

Nous tirons trois conclusions de ce tableau. Elles ne devraient surprendre personne, en tout cas, aucun économiste.

• Le ralentissement de la croissance effective reflète essentiellement le ralentissement de la croissance potentielle, lui-même conséquence du ralentissement de la croissance de la productivité potentielle, $\dot{a}*$. Depuis 1975, cette dernière a diminué de près de 50 %. Nos résultats convergent avec ceux d'un certain nombre d'études récentes, qui situent la croissance potentielle à environ 2,1-2,3 % (4).

• La productivité du travail a augmenté un peu plus vite que la productivité potentielle. Cette évolution témoigne d'une augmentation du rapport capital-produit, dont les causes dans le temps sont probablement assez différentes. On peut penser que jusqu'au début des années soixante-dix, cet écart entre les taux de croissance de la productivité du travail et de la productivité potentielle, est le reflet d'une convergence vers un sentier de croissance équilibrée, l'économie française partant d'un stock de capital

(3) Il est très difficile en pratique de mesurer la croissance potentielle. De nombreuses études ont montré notamment que le résidu de Solow ainsi calculé n'était pas indépendant de la demande globale. Notre mesure de la productivité potentielle est donc entachée de la même incertitude qui caractérise la plupart des études sur le sujet.

(4) Voir par exemple : Laroque (1997) et INSEE (1996).

relativement bas après la guerre. Mais depuis, il est probable qu'il résulte d'une politique délibérée de substitution du capital par rapport au travail de la part des entreprises. Cette augmentation de la productivité effective par rapport à la productivité potentielle est en partie l'envers de la diminution relative de l'emploi.

• L'emploi a augmenté moins vite que la population active sur toute la période étudiée. Étant donné la façon dont nous avons mesuré les variables, cette affirmation est juste une autre manière de dire que le chômage a augmenté. Si nous avions considéré la population en âge de travailler, plutôt que la population active, nos conclusions n'auraient été que marginalement modifiées. Cela aurait contribué à légèrement réduire la croissance potentielle dans la première période, l'augmenter très légèrement dans la deuxième, et la laisser inchangée dans la troisième. En moyenne, si l'emploi avait crû au même rythme que la population active, ou que la population en âge de travailler, la croissance aurait été supérieure d'environ 0,4 % l'an depuis 1975.

Si nous avions mesuré la croissance de la population active en termes d'heures travaillées, l'écart entre croissance du nombre d'heures effectives et croissance du nombre d'heures potentielles eût été plus important, car la durée du travail a sensiblement baissé, de 1 950 heures annuelles en 1965 à 1 600 heures en 1996. Mais cette mesure pose un problème d'interprétation : doit-on considérer la diminution de la durée du travail comme un phénomène d'équilibre, indépendant de la montée du chômage ? Si la réponse est positive, on doit alors admettre que la réduction de la durée du travail a ralenti à la fois le taux de la croissance potentielle et celui de la croissance effective. Si, au contraire, elle n'était la conséquence que d'une réaction à la montée du chômage, elle impliquerait un ralentissement de la croissance effective par rapport à la croissance potentielle. Il nous paraît probable que chacune de ces interprétations rend compte d'une partie de la réalité. Nous n'avons pas tenté de quantifier leur importance relative [5].

Peut-on espérer augmenter le taux de la croissance potentielle ? Car une augmentation, ne serait-ce que de quelques dixièmes de point, aurait des effets considérables, à moyen et long terme, sur la croissance effective, et donc sur celle des niveaux de vie. Malheureusement, en dépit d'efforts importants de recherche, les économistes n'ont pas découvert de remèdes

(5) Les documents publiés dans le Rapport n° 1 du Conseil d'Analyse Économique contiennent des données statistiques utiles sur ce sujet pour la France, comme pour d'autres pays de l'OCDE. Une difficulté supplémentaire vient de ce que la causalité est réciproque. Un taux élevé de croissance provoque généralement une baisse de la durée du travail, les agents économiques cherchant à mieux profiter de revenus accrus. L'inverse est évidemment vrai. D'un autre côté, en période de croissance lente, le travail à temps partiel non choisi se développe, conduisant à une réduction *ex post* du temps observé de travail.

magiques pour parvenir à ce résultat, au moins pour ce qui concerne les pays avancés tels la France ou les États-Unis.

La France ne semble pas, d'ailleurs, avoir connu un sort très différent de celui des autres pays continentaux. Le tableau 2 le montre clairement. La décélération du rythme de la productivité depuis 1975 y a été sensiblement la même qu'en Italie, un peu plus rapide qu'en Allemagne. Seuls les pays anglo-saxons semblent avoir connu des évolutions différentes, largement expliquées par le faible rythme de croissance de la productivité qui les caractérisait en début de période. Il est raisonnable de penser qu'une partie du ralentissement, au moins à l'extérieur des États-Unis, vient de l'épuisement du phénomène de rattrapage du niveau de productivité des États-Unis par les autres pays (voir notamment, Cohen, 1994 et Pilat, 1994). Le reste, qui semble être largement commun à tous les pays développés, demeure en grande partie inexpliqué. Rien dans ces données ne permet donc de conclure que, sur l'ensemble de la période, la baisse de la productivité tendancielle serait spécifique à la France et qu'elle résulterait, en ce pays, d'erreurs de politique économique auxquelles il puisse être facile de remédier.

Si donc il est raisonnable de considérer le taux de la croissance potentielle comme une donnée, cette conclusion n'est pas aussi désespérée qu'on pourrait le penser. Le taux de la croissance effective peut parfaitement dépasser celui de la croissance potentielle pendant un temps, si le gouvernement utilise les marges de manœuvre qui lui restent afin de susciter un rythme de créations d'emploi supérieur au taux de croissance de la population active.

2. Croissance de la productivité potentielle en plusieurs pays (en %)

	1965-1975	1975-1985	1985-1995
France	3,4	1,8	1,7
Allemagne	2,7	1,7	nd
Italie	4,2	2,6	2,1
Royaume-Uni	1,8	1,9	2,1
États-Unis	1,3	1,1	0,8
Japon	5,3	1,4	0,8

Source : Calculs des auteurs à partir des *Perspectives de l'OCDE.*

Les origines du chômage

Pour mieux comprendre la nature du chômage qui caractérise la France aujourd'hui, il est nécessaire de procéder à une rapide description historique.

Du début des années soixante-dix jusqu'au milieu des années quatre-vingt, la montée du chômage ne présente pas – rétrospectivement – grand mystère. Il est très probable, comme l'avait souligné il y a longtemps

Edmond Malinvaud (1982 et 1986), que l'aggravation du chômage en cette période fut la conséquence de revendications salariales excessives. L'une des raisons de la difficulté que l'économie française a eu à s'ajuster à une baisse apparemment durable de son régime de croissance, est que les salaires réels ne se sont pas adaptés suffisamment rapidement au ralentissement du rythme de croissance de la productivité depuis le milieu des années soixante-dix. Face à la baisse de la croissance potentielle, face aux chocs pétroliers, les revendications salariales sont restées pendant un temps fondées sur l'hypothèse d'une poursuite des tendances antérieures. Ces revendications excessives entraînèrent une diminution de l'emploi et une augmentation du chômage. Grâce à des taux d'intérêt proches de zéro, si ce n'est négatifs, l'effet de la réduction des profits sur l'accumulation du capital fut différé jusqu'au début des années quatre-vingt. Mais au début des années quatre-vingt, taux d'intérêt élevés et coûts salariaux élevés conjuguèrent leurs effets pour ralentir à la fois l'accumulation du capital et la croissance de l'emploi. S'ajoutèrent enfin aux effets de ces chocs défavorables des changements induits des institutions du marché du travail. Destinés à protéger l'emploi et à aider les chômeurs, leur effet macro-économique fut probablement négatif.

Mais cette période appartient presque, désormais, à l'histoire ancienne. Les chocs pétroliers ont été inversés. Après deux décennies de croissance lente, les salariés ont manifestement pris en compte, et accepté, les conséquences sur l'évolution de leurs rémunérations du ralentissement de la croissance potentielle. La protection de l'emploi a singulièrement diminué, comme en témoigne l'importance dans les nouvelles embauches des contrats à durée déterminée (80 %) ; enfin le système d'indemnisation du chômage est devenu moins généreux. Et, de fait, le coût salarial (c'est-à-dire le salaire augmenté des charges sociales), ajusté de la croissance de la productivité potentielle, est aujourd'hui inférieur à son niveau de 1970. On pourrait soutenir que cette évolution ne fait que traduire le poids du chômage dans les négociations salariales. Pour prendre en compte cet argument, nous avons construit un indice de pression salariale, qui corrige le coût salarial de l'effet du chômage sur les salaires [(6)]. Il mesure en quelque sorte ce qu'aurait été l'évolution des coûts salariaux si le chômage ne s'était pas aggravé.

---

(6) Voir Blanchard (1997). Cet indicateur est égal à (w'+b. u), ou *w'* est le coût salarial divisé par le niveau de productivité potentielle, *u* le taux de chômage, et *b* un coefficient représentant l'effet du chômage sur les salaires. Nous prenons comme valeur de référence du coefficient *b* la valeur 1, qui correspond aux résultats de Blanchflower et Oswald sur la courbe des salaires (« wage curve »). Le graphique de la page 16 représente l'évolution de l'indice pour trois valeurs différentes de l'effet du chômage sur les salaires, c'est-à-dire du coefficient *b*. (L'indice est égal à 0 par normalisation en 1970.) La ligne en trait plein correspond à la valeur de référence de *b*, qui nous paraît la plus raisonnable. Les deux autres à des hypothèses haute et basse, relatives à l'effet du chômage sur les salaires.

Indice de pression salariale

1970 : pour trois valeurs de b (b = 1,0 ; 0,5 ; 1,5)

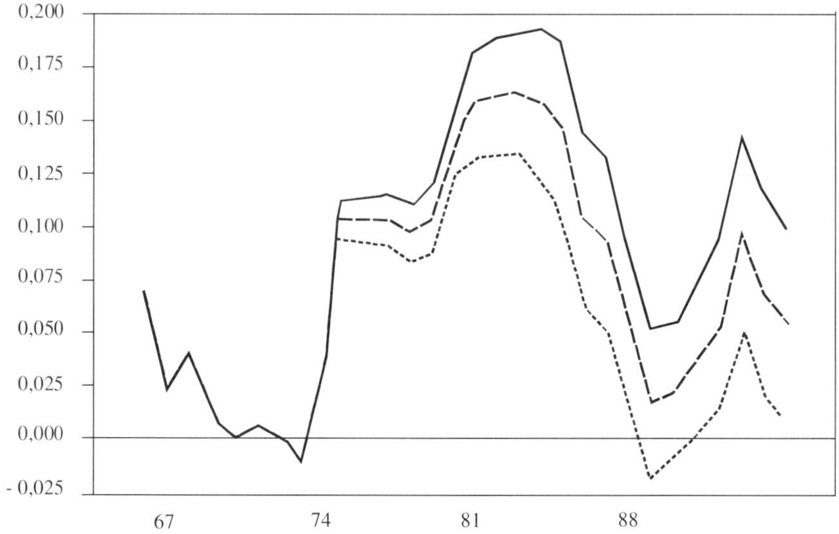

L'évolution générale est claire, et commune aux trois indices : une forte poussée, commençant au milieu des années soixante-dix et atteignant son apogée au début des années quatre-vingt suivie d'une réduction importante depuis le milieu des années quatre-vingt. Quelle que soit l'hypothèse choisie quant à l'effet du chômage sur les salaires, l'indice apparaît aujourd'hui en recul significatif par rapport à son niveau du milieu des années quatre-vingt : entre 1 et 10 %, contre une valeur comprise entre 12 et 19 % en 1983.

Pourquoi, dans ces conditions, le chômage n'a-t-il pas diminué depuis le milieu des années quatre-vingt ? Il existe deux éléments de réponse à cette question.

D'une part, et depuis le milieu des années quatre-vingt, les entreprises ont à la fois augmenté leurs marges, et réduit leurs besoins en emploi pour un niveau donné de production [7]. Cette évolution explique l'augmentation de la part des profits et des revenus du capital dans la valeur ajoutée, toutes deux discutées à la première réunion du Conseil (cf. rapport n° 2 du CAE). La conséquence immédiate de ces ajustements fut évidemment l'augmentation du chômage. À moyen terme, l'augmentation des profits contient la

(7) Cette double évolution peut être en partie expliquée par celle des taux d'intérêt réels. Cf. Fitoussi et Phelps, 1988. Dans une étude récente, Cotis et Rignols (1997) analysent de façon convaincante les conséquences sur l'emploi et la croissance du niveau élevé du coût du capital qui a caractérisé la France depuis le milieu des années quatre-vingt.

promesse de plus d'investissement et de croissance. Autrement dit, il est possible que les ajustements en cours impliquent dans l'avenir une diminution du chômage d'équilibre. Une des leçons des vingt dernières années est que le chômage d'équilibre n'est pas une constante. Cette possibilité en fournit une nouvelle illustration. Mais, pour l'instant, cette promesse n'a pas encore été tenue, ce qui nous amène au second élément de réponse.

Il nous paraît peu probable que l'augmentation du chômage depuis le début des années quatre-vingt-dix reflète une augmentation du chômage structurel. Elle nous semble, au contraire, résulter principalement d'un déficit de demande. Les raisons en sont bien connues : une politique monétaire anormalement restrictive – en raison de la volonté de maintenir la parité du franc par rapport au mark au moment où l'unification allemande conduisait la Bundesbank à augmenter ses taux d'intérêt – suivie plus récemment d'une politique budgétaire restrictive aux fins de réduire les déficits publics. Dans ce climat de faible croissance, l'augmentation des profits ne pouvait conduire à une augmentation sensible de l'investissement, et, à terme, de l'emploi. Les entreprises ont de fait préféré utiliser leurs profits pour réduire leurs dettes, plutôt que pour investir. Nous ne pensons pas que la stratégie d'endettement des entreprises, et plus généralement celle de l'ensemble des agents économiques privés, soit indépendante des conditions générales de la croissance et en particulier des taux d'intérêt et de l'évolution du prix des actifs. Le désendettement des entreprises et des ménages qui a caractérisé les années quatre-vingt-dix, nous semble davantage être la conséquence des conditions défavorables de la croissance économique, que d'un changement exogène des préférences des agents.

Nous tirons deux conclusions principales de cette histoire rapide des vingt-cinq dernières années.

• Contrairement à certains diagnostics, dont celui de l'OCDE par exemple, il ne nous paraît guère raisonnable de ramener le problème du chômage structurel à celui de l'existence de « rigidités » sur le marché du travail conduisant à une évolution trop rapide des salaires relativement à celle du rythme de productivité [(8)]. Notre indice de pression salariale indique que l'écart entre coût du travail et productivité potentielle, même en prenant en compte l'effet du chômage sur la formation des salaires, s'est très sensiblement réduit depuis dix ans. Ce qui milite plutôt en faveur de l'hypothèse d'une atténuation importante de ces « rigidités » [(9)].

(8) On ne peut qu'être frappé par la distance qui sépare la certitude des déclarations sur le sujet, et la difficulté d'établir des résultats empiriques significatifs quant à l'importance de telle ou telle rigidité. Notre opinion est proche de celle de Nickell (1997) sur ce point.

(9) Cotis et Rignols (1997) aboutissent à la même conclusion, lorsqu'ils constatent que les salaires réels ont augmenté à peu près au même rythme que la productivité globale des facteurs depuis le contre choc pétrolier.

• Le chômage effectif est plus élevé que le chômage structurel. Il y a donc place pour une politique d'expansion de la demande et de croissance, avant que la réduction du chômage ne réveille les tensions inflationnistes.

Nous analysons à présent chacun de ces deux points plus en détail.

Rigidités structurelles et chômage

Rejeter l'argument selon lequel le chômage serait en France conséquence des seules rigidités structurelles, n'implique certainement pas de tomber dans l'excès inverse et de préconiser une simple relance par la demande. Des réformes structurelles sont nécessaires. Sinon, la réduction du chômage aboutira, tôt ou tard, à la relance de l'inflation. Deux catégories de réformes structurelles nous paraissent importantes.

• Il nous semble que *le coût du travail peu qualifié est trop élevé*. Même si les études empiriques n'ont pas prouvé que le coût en emploi du salaire minimum était important, elles n'en ont pas moins montré que son existence affectait les opportunités d'emplois des travailleurs non qualifiés et particulièrement des jeunes.

Il nous faut cependant commencer par discuter d'un argument qui est souvent présenté comme démontrant les effets pervers du salaire minimum, parce que cet argument est fallacieux. Il est fondé sur l'interprétation de chiffres similaires à ceux présentés dans le tableau 3, qui décrit le taux de chômage par niveau d'éducation pour un certain nombre de pays.

3. Taux de chômage par niveau de formation en 1994

	Niveau inférieur au 2e cycle du secondaire	2e cycle du secondaire	Enseignement supérieur
France	14,7	10,5	6,8
Allemagne	13,9	8,8	5,4
Royaume-Uni	13	8,3	3,9
États-Unis	12,6	6,2	3,2

Source : OCDE, *Perspectives de l'emploi*, juillet 1997.

Il résulte de ce tableau que le chômage est d'autant plus élevé que le niveau d'éducation est faible. Cette relation ne prouve cependant rien quant au rôle du salaire minimum : il est normal que les travailleurs les moins diplômés soient aussi ceux qui sont le moins attachés à un travail particulier, et que, pour cette raison, leur taux de chômage soit plus élevé.

Un argument plus raffiné consiste à étudier non pas le niveau mais la variation du taux de chômage par niveau d'éducation depuis 1975, et à conclure que le chômage des travailleurs les moins qualifiés est aussi celui qui a connu la plus forte augmentation. Mais cela ne prouve nullement que le salaire minimum soit responsable de cette évolution. Quand le taux de chômage global augmente, les travailleurs les moins qualifiés supportent plus que les autres le poids de cette augmentation, car ils subissent alors une concurrence accrue de la part des travailleurs plus qualifiés. Ceux-là peuvent prétendre aux emplois de leur catégorie, mais aussi à ceux des catégories immédiatement inférieures. Les entreprises, dont l'éventail des choix s'élargit, préfèrent embaucher des salariés mieux qualifiés. Au bas de l'échelle de perroquet, ce sont les travailleurs non qualifiés qui se retrouvent alors en plus grand nombre au chômage.

Notre position est donc fondée sur d'autres éléments. Dans tous les pays développés l'évolution technologique semble jouer en défaveur du travail peu qualifié. Il n'y a aucune raison de penser que ce phénomène épargne la France. D'autre part, l'intensification de la concurrence à la fois sur le marché des biens et du travail semble exiger une ouverture de l'éventail des rémunérations. Or l'un des effets du salaire minimum est de comprimer l'échelle des salaires, et donc de resserrer l'éventail des rémunérations relativement à celui des productivités marginales (cf. Fitoussi, 1994).

En raison de ces tendances lourdes, il nous paraît important de réduire le coût du travail peu qualifié, en poursuivant l'effort entrepris par les gouvernements précédents. Eu égard au rôle que le salaire minimum joue dans la préservation de la cohésion sociale, il ne nous paraît ni nécessaire ni opportun de le réduire. Il existe suffisamment de marges aujourd'hui pour diminuer le coût du travail peu qualifié en réduisant les cotisations sociales.

Cette conclusion est renforcée par les résultats d'une étude récente de Thomas Piketty (1997), où l'auteur compare minutieusement la structure des emplois français et américains. Il résume ainsi l'une de ses principales conclusions : « Les seuls secteurs dans lesquels la structure d'emploi entre les deux pays diffère sensiblement sont ceux du commerce de détail et l'hôtellerie-restauration. La France compte là un retard de près de trois millions d'emplois (rapportés à sa population) vis-à-vis des États-Unis... La question du coût du travail non qualifié reste donc la variable cruciale en ce domaine ».

• L'aggravation du chômage a conduit les gouvernements et les partenaires sociaux, dans la seconde moitié des années soixante-dix, à *mettre en place un système plus généreux d'indemnisation du chômage*. Personne n'attribue la montée du chômage à la générosité accrue des règles de son indemnisation ; la causalité est inverse. Mais on peut se demander si cette évolution n'est pas l'un des facteurs qui a permis au chômage de persister à un niveau élevé sans susciter davantage de pression sur les salaires. Or une analyse comparative des différents pays de l'OCDE suggère l'existence d'une relation entre le niveau du chômage, et les modalités de son indemnisation, en particulier la durée de cette indemnisation (cf. notamment, Jackman, Layard et Nickell, 1996).

Il faut donc trouver le bon compromis entre les exigences de la protection individuelle et les conséquences macro-économiques de cette protection.

Le système français est aujourd'hui déjà moins généreux qu'il ne le fut par le passé et qu'il n'est parfois décrit. Après en avoir accru les bénéfices en réaction à l'augmentation initiale du chômage, les autorités françaises ont dans un second temps, et cela depuis plus de dix ans, réduit la générosité de son indemnisation : aujourd'hui le système est tel que le taux de remplacement du salaire décroît rapidement avec la durée du chômage et que plus de 32 % des chômeurs ne reçoivent aucune indemnisation au titre de l'assurance chômage.

Il serait socialement inacceptable de diminuer substantiellement les allocations-chômage en l'absence de croissance et de création d'emplois. Comme le note Amartya Sen (1997) : « On peut même penser qu'il y a une sorte de schizophrénie politique à vouloir que les gens se prennent davantage en charge et à juger le niveau actuel du chômage "fâcheux mais supportable" ». Quand il est presqu'impossible pour certaines catégories de travailleurs de trouver des emplois, il n'est guère utile, et même cruel, de prôner la responsabilité individuelle. Pour se prendre en charge, il faut le concours des autres dans la vie économique et sociale. Sans les bras des autres, c'est-à-dire sans perspective d'emploi, il n'est d'autre ressource pour les chômeurs que d'exercer leur droit moral sur la société en exigeant d'elle qu'elle leur permette de vivre sans travailler [(10)]. Cela signifie que seul le retour de la croissance et de la création d'emplois rendrait possible une réforme du système d'indemnisation du chômage pour qu'il soit plus favorable à l'emploi. Il s'agit donc du type même de réforme que permet la croissance, et qui, en retour, permet à la croissance de persister sans tension inflationniste.

Chômage et relance par la demande

Quelle part du chômage est aujourd'hui le reflet de problèmes structurels, et quelle part résulte d'un déficit de demande ? La réponse à cette question détermine le rôle et les marges de manœuvre d'une politique de relance de la croissance par la demande globale.

On peut y répondre de différentes façons.

La première consiste à évaluer les effets sur le chômage des politiques monétaire et budgétaire conduites depuis le début des années quatre-vingt-dix, et de considérer que la différence entre le chômage effectif et la somme de ces effets mesure le chômage structurel. Cette approche présente l'inconvénient de reposer au moins sur trois hypothèses implicites qui ne sont pas

(10) C'est ainsi que l'on pourrait comprendre le mouvement des chômeurs de décembre 1997-janvier 1998.

nécessairement vérifiées : la première est que chômage effectif et structurel étaient égaux en 1990 ; la deuxième, que le chômage structurel n'a pas évolué dans les années quatre-vingt-dix ; la troisième, que l'activité en cette période a été dominée par les politiques monétaire et budgétaire, à l'exclusion de tout autre choc. Elle a néanmoins l'avantage de faire apparaître le rôle potentiel des politiques macro-économiques dans l'aggravation du chômage.

Deux tableaux mettent en relief ces effets. Le premier, descriptif, présente l'évolution des taux d'intérêt en France et en Allemagne depuis 1981, en considérant trois sous-périodes : 1981-1985, 1986-1990, et 1991-1993. Il met en évidence l'augmentation considérable des taux d'intérêt en France durant la dernière de ces sous-périodes.

4. Écart entre le taux d'intérêt réel et le taux de croissance en France et en Allemagne

	1981-1985	1986-1990	1991-1993
France			
Taux intérêt	12,8	9,0	9,5
Inflation	9,5	2,9	2,6
Taux de croissance	1,5	3,2	0,2
(1) - (2) - (3)	1,8	2,9	6,7
Allemagne(*)			
Taux intérêt	7,7	6,0	8,6
Inflation	3,7	1,5	3,7
Taux de croissance	1,2	3,4	1,6
(1) - (2) - (3)	2,8	1,1	3,3

Note : (*) Allemagne de l'Ouest.

Source : Économie Européenne.

Le second présente les résultats de simulations réalisées au moyen du modèle Mimosa. Ces simulations permettent de se faire une idée de l'ampleur des conséquences des ajustements budgétaires effectués en Europe depuis 1991. Il attribue au changement de politique budgétaire, un ralentissement de l'activité économique en France de 1,2 point de PIB par an depuis 1991, et une augmentation du taux de chômage de 3 points.

5. Effets moyens des mesures budgétaires entre 1991 et 1997 (en %)

	Croissance du PIB(*)	Taux de chômage(**)
France	– 1,2	3,0
Allemagne	– 0,9	3,1
Ensemble UE	– 1,4	3,3

Notes : (*) Croissance annuelle moyenne ; (**) Variation entre 1991 et 1997.

Source : Modèle Mimosa CEPII-OFCE.

Une deuxième approche, plus informelle mais assez éclairante, consiste à comparer les expériences des pays européens dont la monnaie fut dépréciée à celles des pays dont la monnaie s'apprécia dans les années quatre-vingt-dix. Une telle étude a été réalisée par Gordon (1996), qui conclut que la déprécation a permis au premier groupe de pays de connaître de façon durable de meilleurs résultats en matière de croissance et de chômage. Ceci suggère, *a contrario*, qu'une part importante de l'augmentation du chômage en France résulte d'un choix différent de politique monétaire.

On peut certes objecter à cette remarque que l'effet sur la croissance et l'emploi d'une dépréciation est d'autant plus élevé que cette dernière est isolée. Si tous les pays suivaient la même stratégie, aucun n'en tirerait d'avantage de compétitivité. Mais Gordon a montré que les pays européens qui l'avaient pratiquée, malgré le renchérissement du prix des importations qu'elle impliquait, n'avaient pas connu d'interruption dans leur processus de désinflation. Celui-ci aurait donc été encore plus rapide sans dépréciation, ce qui aurait autorisé une politique monétaire encore plus expansionniste. Sauf à nier complètement l'existence d'un effet de la politique monétaire sur l'activité, on ne peut qu'en conclure qu'une politique monétaire plus expansionniste, si elle avait été pratiquée simultanément par l'ensemble des pays européens de façon à éviter tout changement dans les parités monétaires, aurait eu des conséquences significatives sur la croissance économique française. « Accessoirement », elle aurait évité une trop forte appréciation réelle du taux de change effectif du franc et, pour cette raison, eu des conséquences favorables (ou moins défavorables) sur la compétitivité de l'économie française.

La troisième approche est plus traditionnelle. Elle est fondée sur la définition du chômage structurel, comme étant le niveau de chômage pour lequel les décisions de salaire et de prix sont compatibles, et donc tel qu'il n'existe aucune pression sur l'inflation, ni à la hausse, ni à la baisse. Elle identifie ainsi le taux de chômage structurel à celui qui est associé à un taux d'inflation stable, le NAIRU. La décélération de l'inflation depuis 1990 suggère que la France est caractérisée par un taux de chômage supérieur à son niveau structurel. Cette idée simple est confirmée par un certain nombre d'études économétriques récentes. Les résultats de deux d'entre elles (Sterdyniak et *alii*, 1996, Giorno et *alii*, 1996) sont présentées dans le tableau 6.

6. Évolution du NAIRU

	1965-1973	1974-1979	1980-1986	1987-1994	1987-1994(*)
France	4,2	4,8	6,6	8,5	9,1
Allemagne	0,6	3,4	5,9	nd	7

Sources : Sterdyniak et *alii*, 1996 ; (*) Giorno et *alii* (1995).

Les deux études concluent que pour la France le taux de chômage structurel est inférieur à 10 %, et qu'il existe donc des marges de manœuvre pour une relance par la demande. Ces résultats appellent les remarques qui suivent.

• La France a un taux d'inflation proche de zéro. Une vieille proposition en macro-économie est que dans une telle situation, la courbe de Phillips à court terme devient très plate, ce qui signifie que le taux de chômage a peu d'effet sur les salaires [11]. En conséquence, le rythme de la désinflation se ralentit, quelle que soit l'augmentation du chômage, au fur et à mesure que le taux d'inflation approche de zéro. La raison présumée de ce comportement est l'existence de rigidités nominales dans le processus de détermination des salaire. Les salariés s'opposeront beaucoup plus vigoureusement à une diminution des salaires nominaux de 2 % quand l'inflation est de 0 %, qu'à une augmentation des salaires nominaux de seulement 5 % quand l'inflation est de 7 %. Les études microéconomiques fondées sur des données récentes, dans une période où l'inflation était basse, semblent confirmer cette hypothèse (Akerlof et *alii* 1996 et Card, 1996).

Cette analyse implique que la différence entre chômage effectif et chômage structurel est probablement plus grande que celle indiquée dans le tableau 5.

• Le chômage structurel n'est pas une constante. Nous avons déjà souligné ce point. Certaines rigidités structurelles ont diminué d'intensité depuis dix ans ; la politique des entreprises de réduction d'effectifs qui a caractérisé une bonne partie des années quatre-vingt-dix semble se ralentir. La diminution du taux de chômage effectif peut elle-même diminuer le taux de chômage d'équilibre. C'est ce qu'on appelle l'effet d'hystérèse. L'histoire européenne récente a montré qu'une telle relation entre taux de chômage effectif et taux de chômage structurel, était vraie à la hausse. Mais il n'existe pas de raison de penser que le processus soit fondamentalement asymétrique.

---

(11) Le NAIRU est en général calculé à partir d'une relation dont la forme simplifiée est la suivante :

$$Dp = -a\,(u - u^*)$$

où p et u^* sont respectivement le taux d'inflation et le taux naturel de chômage. Lorsque Dp est très faible on en conclut que le chômage est proche de son niveau d'équilibre. Mais lorsque le taux d'inflation est très bas, c'est en fait la valeur du coefficient a qui diminue. Une diminution même limitée de l'inflation est donc compatible avec une valeur de u^* largement inférieure à u.

Réduction du taux de chômage et taux de croissance

En raison des évolutions décrites dans les sections précédentes, le taux de chômage en France est aujourd'hui de 12,5 %. Un objectif ambitieux serait de vouloir le réduire à 7,5 % en, disons, 5 ans. Quel devrait être alors le taux de croissance moyen de l'économie pendant cette période ? Il faut d'emblée souligner que la détermination de ce taux est largement indépendante du diagnostic que l'on fait sur les causes du chômage, dès lors que l'on considère comme donné le rythme de croissance de la productivité potentielle (nous reviendrons plus loin sur cette hypothèse). Quelles que soient les origines du chômage et à moins d'envisager l'hypothèse d'une réduction de l'offre de travail, sa baisse exige (ou rend possible) une croissance plus rapide.

Les éléments du calcul de détermination de ce taux sont élémentaires et bien connus. On sait notamment qu'il est nécessaire de prendre en compte les effets sur le taux de participation et sur la productivité qui sont associés à la croissance de l'emploi. On ne peut ici se contenter d'une application de la loi d'Okun. Car cette « loi » résume la relation entre chômage et croissance dans le contexte de fluctuations conjoncturelles. Or nous raisonnons dans le cadre d'un ajustement plus lent. Il nous faut donc reprendre l'analyse.

Le phénomène dit de flexion des taux d'activité traduit l'augmentation des taux de participation consécutive à une amélioration des perspectives de l'emploi. Une diminution du chômage conduit un certain nombre de travailleurs découragés à se présenter à nouveau sur le marché du travail. Cet effet est probablement le plus important les premières années du retour de la croissance, mais il devrait s'atténuer par la suite. C'est la raison pour laquelle les estimations de l'élasticité de l'offre de travail à l'augmentation de l'emploi divergent selon les caractéristiques du modèle considéré. On devrait logiquement s'attendre à ce que les mesures de cette élasticité soient plus élevées dans le cadre d'un modèle trimestriel, dont l'horizon est de court terme, que dans le cadre d'un modèle annuel conçu pour décrire les évolutions de moyen terme. Les estimations faites à l'OFCE reflètent cette différence : l'élasticité de l'offre de travail à l'augmentation de l'emploi est d'environ 30 % dans le modèle Mosaïque (trimestriel) et de 18 % dans le modèle Mimosa (annuel) : pour 100 chômeurs qui trouvent un emploi, trente personnes supplémentaires rejoignent la force de travail selon le premier et 18 selon le second. Mais, compte tenu du marasme qui a caractérisé le marché du travail dans les années quatre-vingt-dix et même si notre horizon est de moyen terme, nous pensons que l'estimation du modèle Mosaïque risque de se révéler plus proche de la réalité. C'est donc elle que nous retenons. Autrement dit, pour réduire le taux de chômage de 1 %, il faudrait augmenter l'emploi d'environ 1,3 %.

L'analyse traditionnelle du cycle de productivité implique que la première phase d'une reprise de l'emploi s'accompagne de gains de productivité, la production augmentant dans un premier temps plus rapidement que l'emploi. On peut cependant penser que cette analyse s'applique strictement aux reprises cycliques normales où les entreprises peuvent puiser dans une réserve de travailleurs qui étaient précédemment sous-employés. Mais dans le cas de la France aujourd'hui, après la longue période de stagnation des années quatre-vingt-dix, il est probable que les entreprises ont eu amplement le temps d'ajuster leurs effectifs à la production. La question est donc de savoir si les circonstances actuelles permettent encore une expansion de la production sans nouvelles embauches immédiates. Les études empiriques réalisées sur les années quatre-vingt-dix montrent que l'ajustement de l'emploi à la croissance de la production est devenu plus rapide. Le décalage serait au plus de 9 mois. Ensuite, l'hypothèse qu'une augmentation de l'emploi de 1 %, requiert une augmentation de la croissance également d'environ 1 % apparaît raisonnable. Elle est de surcroît légitime dans la mesure où notre horizon est de moyen terme. En nous plaçant donc dans l'hypothèse la plus défavorable, il faudrait en moyenne sur les cinq années considérées que la production augmente de 1,15 % pour que l'emploi augmente de 1 %.

Ces évaluations des élasticités de l'offre de travail à l'emploi et de la production à l'emploi, permettent alors de calculer le taux de croissance nécessaire pour atteindre en cinq ans l'objectif d'un taux de chômage de 7,5 %. L'écart de la croissance effective à la croissance potentielle devrait ainsi être de 1,5 % – *[1,15.1,3 (12,5 –7,5) /5]* – par an. Si la croissance potentielle est de 2,1-2,3 %, la croissance effective devrait ainsi être de 3,6-3,8 % l'an (12).

Ces calculs sont utiles. Ils donnent une idée de l'ampleur des efforts à accomplir. Mais il faut, là encore, en comprendre les limites.

La plus importante est que, probablement, l'évolution de la productivité, n'est pas indépendante de la façon dont le chômage est résorbé. Pour illustrer notre propos, supposons que l'une des causes du chômage réside dans l'existence de contraintes qui diminuent la productivité des entreprises. L'élimination de ces contraintes aurait pour effet d'augmenter la productivité. La croissance nécessaire devrait alors être plus élevée que nos calculs ne le suggèrent. Nous ne pensons pas que de tels changements de productivité soient probables. Même si de telles mesures étaient mises en œuvre, elles ne conduiraient probablement pas à des gains de productivité très importants, des gains suffisants en tout cas pour changer radicalement le message de nos calculs.

(12) Si nous avions considéré un objectif plus ambitieux, disons retrouver un taux de chômage de 5 % en cinq ans, la croissance nécessaire aurait été de 4,4-4,6 % l'an.

Et si par chance, la France connaissait une augmentation du rythme de productivité potentielle, ceci devrait être considéré comme une excellente nouvelle : elle signifierait que non seulement la croissance effective doit être plus élevée, mais aussi qu'elle peut l'être.

Contraintes sur la croissance

Un taux de croissance d'au moins 3,6 % sur une période de cinq ans serait donc nécessaire pour revenir à un taux de chômage de 7,5 %. Mais une croissance aussi élevée, après une période de marasme aussi longue, est-elle tout simplement possible ? Ne viendrait-elle pas très vite se briser sur les obstacles, qui dans le passé, l'ont empêché de perdurer : insuffisance de capital, inflation, contrainte extérieure ? Et même si aucune contrainte ne surgissait du côté de l'offre, n'en existe-t-il pas du côté de la demande ? Quelle augmentation de la consommation et/ou de l'investissement serait-elle nécessaire pour que la demande globale s'établisse à un niveau suffisant pour soutenir un tel rythme de croissance ?

En bref, les contraintes sur la croissance que l'on peut supputer se situent à la fois du côté de l'offre et de celui de la demande. Et il nous faut étudier en quelle mesure l'état actuel de ces contraintes permettrait la réalisation de ce taux de croissance.

La contrainte de capital

La première contrainte est quasiment physique. Elle tiendrait à l'insuffisance du stock de capital eu égard au rythme de croissance nécessaire pour parvenir à l'objectif. L'investissement s'est incontestablement adapté à la croissance lente des années quatre-vingt-dix et une croissance plus vive susciterait de fortes tensions sur les capacités de production. L'opinion prévaut qu'elle ne serait pas alors soutenable en raison de ses effets inflationnistes. Mais elle ne nous apparaît pas aussi bien fondée qu'elle ne le semble *a priori*. Tout dépend en effet du comportement d'investissement. D'abord, si la croissance est correctement anticipée, on ne voit pas pourquoi les entreprises ne mettraient pas en place les capacités de production nécessaires pour satisfaire leur marché. Si, dans un premier temps elle ne l'était pas, il devient possible que certaines tensions apparaissent à court terme ; mais là encore on ne comprendrait pas pourquoi les entreprises n'en tireraient pas rapidement les leçons en matière d'investissement. D'autant que dans un marché mondialisé, et plus encore « européanisé », le recours aux importations est de nature à accélérer l'adaptation des capacités effectives de production aux capacités désirées. En deuxième lieu, le taux actuel d'utilisation des capacités de production est relativement bas, 83 % ; il peut donc augmenter sensiblement avant que n'apparaisse la moindre tension. Enfin et peut-être surtout, il convient de s'interroger sur le fait de savoir si ce taux est un aussi bon indicateur que par le passé des marges de capacités disponibles. La réorganisation du travail est un moyen de plus en plus fréquemment utilisé pour accroître ces marges sans investissement supplémentaire. Les exemples abondent où une telle réorganisation fut un substitut efficace à l'installation de nouvelles capacités. Elle offre en tout cas un degré de liberté supplémentaire que les entreprises mettront certainement à profit à l'occasion des négociations sur la réduction de la durée du travail. Dans l'industrie, seules 40 % des entreprises organisent aujourd'hui le travail par équipes. C'est dire qu'il existe aussi des « marges de réorganisation » non négligeables.

Pour avoir une idée de l'ampleur des tensions sur les capacités de production qui apparaîtraient dans une situation de croissance plus forte, nous avons simulé au moyen du modèle Mimosa les conséquences sur les marges de capacité dans l'industrie de la hausse de la demande privée nécessaire pour porter la croissance d'un taux moyen de 2 % l'an à un taux moyen de 4 % l'an pendant une période de cinq années. Nous avons supposé que le surcroît de croissance provenait d'une augmentation de la consommation privée de deux points de PIB chaque année pour nous placer dans les conditions les plus défavorables. Les résultats de cette simulation sont donnés dans le tableau 7 [13].

7. Hausse de la consommation privée de 2 points de PIB chaque année [*]

Année	(1)	(2)	(3)	(4)	(5)	*Croissance moyenne*
PIB	2,2	4,6	6,8	8,6	10,0	*2,0*
Investissement total	3,2	8,0	11,9	13,6	13,8	*2,8*
Marge de capacité (manuf.)	– 2,9	– 4,9	– 5,4	– 4,8	– 4,0	*0,8*

Note : (*) Écarts cumulés par rapport au sentier de référence.

La lecture du tableau précédent permet de constater que le taux d'utilisation des capacités de production atteint son maximum la troisième année, pour décroître sensiblement les deux années suivantes. Si le niveau initial du taux d'utilisation est de 83 %, il passerait ainsi à un peu plus de 88 % la troisième année et décroîtrait par la suite. On ne peut considérer qu'une telle évolution comporte de graves dangers inflationnistes. Certes le taux moyen d'utilisation des capacités de production sur toute la période avoisine les 87 %. Mais un tel taux n'apparaît en aucun cas excessif. Nous nous sommes

(13) La simulation est faite à conditions monétaires inchangées. En d'autres termes, cela suppose que ni le taux d'intérêt, ni le taux de change ne sont affectés par la hausse du rythme de la croissance.

de surcroît placés dans une hypothèse particulièrement défavorable, celle d'une croissance exclusivement tirée par la consommation, alors que les circonstances actuelles de croissance tirée par les exportations et de niveau élevé de profit permettent d'envisager que la croissance future sera au moins partiellement le résultat d'une reprise de l'investissement. Il faut enfin souligner que notre simulation est réalisée à « structure » constante et qu'elle ne prend donc pas en considération les marges supplémentaires que permet la réorganisation du travail.

L'obstacle de l'inflation

Si les tensions sur les capacités de production ne nous semblent pas constituer un obstacle insurmontable à une croissance forte, qu'en est-il du risque d'inflation que la réduction du chômage pourrait susciter ? Nous avons déjà répondu de différentes façons à cette question, mais une synthèse de nos réponses n'apparaît pas inutile, tant le risque d'inflation nous apparaît aujourd'hui exagéré.

La question est implicitement celle du niveau actuel du chômage structurel, ou du NAIRU. Les estimations de ce taux sur la période 1987-1994 le situent aux environs de 9 %. C'est dire qu'il existe une marge importante de baisse du chômage – disons de 3,5 points, ce qui est considérable – avant que la croissance ne se heurte vraiment à l'inflation. Certes dans la transition entre le niveau actuel et le NAIRU, quelques tensions inflationnistes pourraient se manifester dans la mesure où il est probable que le taux de variation du chômage exerce une influence indépendante sur le taux d'inflation (comme l'avait déjà noté Phillips). Mais ces tensions ne devraient être que transitoires, car aucune étude réalisée sur la France n'a mis en évidence l'existence d'un effet d'hystérèse significatif.

Mais il existe aussi de bonnes raisons de penser que le NAIRU calculé sur la période 1987-1994 est probablement surévalué. Le taux d'inflation est aujourd'hui en France historiquement bas, proche de zéro. Dans l'hypothèse, éminemment réaliste et confortée par de nombreuses études empiriques, de rigidités nominales à la baisse des salaires, la méthode présidant à la détermination du taux de chômage structurel conduit, comme nous l'avons déjà souligné, à surestimer la valeur de ce taux.

Enfin, l'analyse rétrospective des causes du chômage à laquelle nous avons procédé pourrait conduire à la conclusion que d'une certaine façon le chômage structurel a changé de nature. L'importante amélioration de la profitabilité des entreprises que traduit le niveau élevé de la part des profits dans le revenu national dans un contexte où les taux d'intérêt sont revenus sur terre – à un niveau suffisamment bas pour ne plus favoriser les stratégies de désendettement – laisse présager un retour de l'investissement, et donc une baisse ultérieure du chômage d'équilibre.

Malgré ces bonnes nouvelles quant à la possibilité d'une croissance à un taux élevé, mais non inflationniste, notre analyse ne nous conduit pas à nier l'existence d'un risque d'inflation à mesure que le taux de chômage effectif se rapproche de son niveau structurel. C'est la raison pour laquelle il nous semble important d'accompagner le retour de la croissance de mesures structurelles visant à réduire le chômage d'équilibre. La baisse du coût du travail peu qualifié nous paraît particulièrement adaptée à cet effet. Mais il est utile de souligner, pour éviter toute ambiguïté, qu'une telle mesure ne produit son plein effet qu'à moyen terme et que son impact est d'autant plus favorable que le contexte est celui d'une croissance retrouvée. Trop souvent, en effet, la baisse du coût du travail peu qualifié est considérée comme étant de faible efficacité, lorsqu'on en évalue les conséquences à court terme et dans un environnement où une insuffisance de la demande globale produit une croissance lente. Mais il s'agit là d'une erreur d'optique : on juge à court terme une politique dont les pleins effets ne peuvent apparaître qu'à moyen terme ; et on reproche à une mesure tendant à favoriser l'offre de ne point avoir suscité la croissance, alors que la croissance est empêchée par une insuffisance de la demande globale. Les mesures visant à réduire le chômage structurel n'ont pas pour effet de relancer, dans l'immédiat, l'activité et la création d'emploi, mais de permettre que la croissance de la production et de l'emploi puisse se poursuivre à un niveau élevé sans susciter de trop fortes tensions inflationnistes. Si tel n'était pas le cas en effet, la réaction de la politique économique ou des marchés serait de nature à interrompre le processus de croissance, et donc à remettre en cause l'objectif de réduction du chômage.

Les contraintes de demande

La question de la demande apparaît donc centrale dans la situation présente, d'autant que nous avons déjà souligné que depuis le début des années quatre-vingt-dix et quelles qu'en soient les raisons, la croissance fut contrainte par une demande globale insuffisante.

Peut-on espérer que cette contrainte disparaisse ou au moins s'atténue ? Et si tel était le cas, l'économie pourrait-elle atteindre spontanément le taux de croissance requis par nos calculs ?

Il faut répondre oui à la première question. La politique monétaire en France comme en Europe est devenue nettement moins restrictive, et le risque qu'elle le redevienne dans l'avenir apparaît presque définitivement conjuré. Car la politique monétaire fera désormais l'objet d'une détermination européenne, et la fixation irrévocable des taux de change intra-européen dans le cadre de la Monnaie unique fera disparaître, pour l'essentiel, les primes de risque sur les monnaies nationales. On peut donc espérer que la gestion monétaire deviendra plus pragmatique.

La politique budgétaire, après une phase intense d'ajustement à l'échelle européenne, devrait aussi redevenir moins restrictive, si ce n'est neutre, une fois atteint les critères de Maastricht et les objectifs du pacte de stabilité. Le retour de la croissance en cours, s'il devait perdurer, pourrait même permettre à l'Europe de renouer avec la pratique – beaucoup plus judicieuse – de politiques contracycliques.

Ces évolutions des politiques économiques en Europe ne sont pas sans lien avec l'appréciation du dollar qui s'est produite au courant de l'année 1997, même si la durabilité de la nouvelle configuration des changes qui en résulte à l'échelle mondiale est objet de débat. À tout le moins, le franc comme le mark n'apparaissent plus comme étant des monnaies surévaluées. Et l'on peut espérer que l'euro ne le soit pas non plus. La contrainte sur la demande externe adressée à la France a de ce fait aussi disparu. Les excédents extérieurs en France, comme dans l'Europe considérée comme un tout, témoignent abondamment de l'existence d'une « réserve » importante de croissance pour les pays européens.

Tout cela signifie que l'allure des politiques économiques en France, comme en Europe, ne devraient plus dans les années qui viennent, exercer d'influence récessive trop marquée sur la demande globale.

Mais et c'est notre seconde question, la fin des restrictions suffira-t-elle, à elle seule, à rétablir la demande au niveau requis par une croissance à 3,8 % ?

La réponse apparemment est non. Les projections à moyen terme réalisées pour la France par l'OFCE (1997-2002) aboutissent à un taux de croissance moyen sur la période, d'environ 2,5 %. Celles réalisées par l'INSEE, plus optimistes, conduisent à un taux de croissance moyen de 2,8 %. La première projection conclue à une quasi-stagnation du taux de chômage, la seconde à une légère diminution, de l'ordre d'un point. Mais dans l'une, comme dans l'autre de ces simulations, si le taux d'intérêt réel court reste voisin du taux de croissance potentiel, les politiques budgétaires continuent d'être (modérément) restrictives (14).

Les projections de moyen terme ont des vertus davantage pédagogiques que prédictives. L'enseignement commun de ces deux scenarios est que pour les cinq années à venir (mais avec des profils différents), le taux de croissance s'établira à un niveau supérieur à son potentiel, mais insuffisamment pour qu'il en résulte une réduction significative du chômage. C'est que si la demande privée devient plus dynamique en raison de l'adoucissement ou de l'arrêt des politiques restrictives, elle ne reçoit pas pour autant le secours d'une impulsion globale expansionniste. Tout se passe comme si

(14) Bernard Barbier : *2002-Perspectives macro-économiques*, délégation du Sénat pour la Planification, n° 96, 1997-1998.

l'arrêt de la restriction permettait le retour à une situation économique normale, mais ne suffisait pas à effacer, en tout cas significativement, les traces sur l'emploi de la récession passée.

Si les instruments de la politique économique ne peuvent plus être utilisés en faveur de l'expansion, il faudra certainement plus de cinq années pour résorber l'excès de chômage. C'est probablement cette contrainte sur la croissance, qui légitime la recherche d'autres solutions, notamment celle du partage du travail. Il nous semble pourtant, comme nous l'exposerons dans nos recommandations, que des politiques de demande sont encore possibles et qu'il serait souhaitable qu'elles soient mises en œuvre. Dans un contexte où les contraintes sur l'offre productive apparaissent bien moindres que par le passé, on ne comprendrait pas qu'il en fût autrement.

Supposons donc que les pays européens, renouant avec une rationalité collective, décident ensemble, d'accompagner la reprise en cours d'une politique de croissance aux fins d'obtenir une baisse plus vigoureuse du chômage que celle décrite dans les projections de moyen terme existantes.

Les politiques de demande qui nous paraissent les mieux adaptées à la situation actuelle sont celles qui favorisent la demande privée sans susciter d'augmentation des coûts des entreprises. Nous avons simulé au moyen du modèle Mimosa [(15)], les conséquences d'une baisse des cotisations sociales salariées, sur le chômage, les prix, les soldes publics et extérieurs. Cette baisse, concertée entre les pays européens, a été calibrée pour provoquer une augmentation du taux de croissance de 1,5 % l'an pendant une période de cinq ans, au départ d'une situation où le taux de croissance serait « spontanément » de 2,5 % l'an : il faut pour cela que le taux de cotisations salarié baisse de 1 point de PIB en 1998, de 0,5 point en l'an 2000, de 1 point en 2001 et encore de 0,5 point en 2002. La baisse des cotisations sociales payées par les salariés est donc au total de 3 points de PIB. Les résultats de la simulation sont données dans le tableau 8. Ils supposent que les autorités monétaires n'augmentent pas le taux d'intérêt nominal pendant la période considérée.

Quatre points sont notables à la lecture du tableau 8.

• La baisse du chômage est plus faible que celle que nous avons escomptée – un peu moins de quatre points – par rapport aux cinq espérés. Cela est principalement du à ce que, dans le modèle Mimosa, l'effet de la croissance sur la productivité du travail est plus élevé que celui que nous avons retenu dans nos calculs. Mais pour les raisons que nous avons déjà exposées, nous pensons que les modèles existants surestiment cet effet. Même si la différence n'est pas considérable (1 point de chômage sur

(15) Nous remercions vivement Henri Sterdyniak d'avoir accepté de réaliser cette simulation ainsi que la suivante.

l'ensemble de la période), nous maintenons notre propre estimation : un supplément de croissance effective de l'ordre de 7,5 points, par rapport à la croissance potentielle devrait conduire à une baisse du chômage de 5 points.

• Probablement pour la même raison – l'accroissement de la productivité ayant un effet désinflationniste – l'impact sur les prix, négatif les trois premières années devient ensuite fortement positif. Le profil de l'évolution du taux d'inflation eût été plus régulier si l'hypothèse d'évolution de la productivité du travail avait été différente. Au total, pour l'ensemble de la période, le niveau des prix est majoré de 2,3 % en conséquence de la mesure, ce qui représente une augmentation du taux d'inflation inférieure en moyenne annuelle à 0,5 %. Dans une situation où le taux d'inflation est initialement un peu inférieur à 1,5 % l'an, ce surcroît de croissance ne devrait créer aucun souci à des autorités monétaires dont l'objectif d'inflation est de 2 %.

• Le coût en termes de solde public apparaît négligeable passé la première année, en raison du supplément de recettes produit par la croissance. Cela est conséquence du multiplicateur élevé associé à une relance concertée à l'échelle européenne. Peut-être est-il utile de souligner encore que l'Europe des Quinze constitue une région aussi faiblement ouverte sur l'extérieur que le Japon.

• Enfin, la dégradation du solde extérieur n'est que de 0,8 point de PIB, ce qui est faible compte tenu des excédents extérieurs du compte central qui sont de l'ordre de 3 points de PIB pour la France.

8. Impact sur l'économie française d'une politique concertée en Europe

	1998	1999	2000	2001	2002
Cotisations salariés (*)	– 1,0	– 1,0	– 1,5	– 2,5	– 3,0
PIB(**)	1,6	3,0	4,4	6,1	7,7
Taux de chômage (***)	– 0,5	– 1,1	– 1,9	– 2,7	– 3,6
Prix à la consommation	– 0,4	– 0,4	– 0,1	0,7	2,3
Solde public (*)	– 0,6	0,2	0,4	– 0,1	0,5
Solde extérieur (*)	– 0,5	– 0,8	– 0,8	– 0,9	– 0,8

Notes : Écarts cumulés par rapport au compte de référence sauf pour les soldes publics et extérieurs ; (*) En points de PIB ; (**) En % du niveau ; (***) En points de taux.

Source : Modèle Mimosa CEPII-OFCE.

Le jeu, on le voit, en vaut la chandelle. Rarement les conditions auront été aussi favorables pour qu'une politique de relance concertée en Europe contribue significativement à la solution du problème de l'emploi.

Mais supposons (hypothèse d'école, évidemment) que les gouvernements européens ne saisissent pas ensemble cette opportunité. La France pourrait-elle alors connaître une croissance durablement plus élevée ? Et surtout quelles en seraient les conséquences sur les équilibres macro-économiques ?

En ce cas, comme nous l'avons déjà souligné, la politique budgétaire ne pourrait être mobilisée en faveur de l'emploi en raison des contraintes du pacte de stabilité et de croissance. Il faut alors compter sur un plus grand dynamisme de la demande privée. Nous avons simulé, toujours au moyen du modèle Mimosa, les conséquences macro-économiques d'une augmentation spontanée de 0,5 point de PIB par an de chacune des composantes de la demande privée : investissement et consommation. Les résultats de cette simulation sont donnés dans le tableau 9.

9. Impact d'un comportement privé plus dynamique

	1998	1999	2000	2001	2002
PIB (**)	0,75	2,0	3,3	4,3	5,3
Taux de chômage (***)	– 0,35	– 0,9	– 1,45	– 2,05	– 2,65
Prix à la consommation	– 0,1	– 0,05	0,45	1,1	2,8
Solde public (*)	0,4	1,05	1,75	2,4	2,8
Solde extérieur (*)	– 0,65	– 1,15	– 1,95	– 2,3	– 2,6

Notes : Écarts cumulés par rapport au compte de référence sauf pour les soldes publics et extérieurs ; (*) En points de PIB ; (**) En % du niveau ; (***) En points de taux.

Source : Modèle Mimosa CEPII-OFCE.

On note d'abord que la croissance n'augmente que d'un peu plus d'un point chaque année, le multiplicateur français étant nettement inférieur au multiplicateur européen. Le supplément de croissance étant plus faible, le chômage baisse de moins de trois points. L'effet sur les prix est (légèrement) plus prononcé que précédemment car les entreprises répercutent dans leurs prix le coût de l'investissement supplémentaire. Pour des raisons évidentes, le solde public s'améliore, mais le déficit extérieur se creuse de 2,6 points de PIB. La relance spontanée ne vient donc pas se briser sur la contrainte extérieure, mais contribue à l'épuisement des réserves de croissance que l'important excédent actuel des échanges courants contient.

Conclusions et recommandations

La baisse du taux de croissance en France, depuis le milieu des années soixante-dix, est principalement la conséquence d'une décélération du rythme de la croissance potentielle. Cette conclusion qui ressort de nos propres calculs et de nombreuses études sur le sujet doit être considérée avec prudence tant les mesures de la croissance potentielle sont incertaines. Elle paraît cependant robuste en raison du caractère universel du phénomène dans les pays industrialisés.

Mais la baisse du taux de croissance est aussi due à un ralentissement de la croissance de l'emploi par rapport à son niveau potentiel. Ce ralentissement s'est traduit à la fois par une aggravation du chômage et une réduction du temps de travail.

Il ne fait guère de doute que cette augmentation du chômage est pour partie conséquence de problèmes structurels et pour partie d'une insuffisance de la demande. Quelles qu'en soient les raisons, la politique macro-économique française a certainement été anormalement restrictive depuis le début des années quatre-vingt-dix.

Notre conviction est qu'il est possible de réduire le chômage en conjuguant réformes structurelles et politiques macro-économiques. Nous avons calculé qu'un taux de croissance de 3,6-3,8 % pendant cinq années serait nécessaire si l'on voulait revenir à un taux de chômage de 7,5 %. C'est certes considérable eu égard aux évolutions récentes, mais cela n'apparaît pas, *a priori*, impossible.

Un examen des contraintes qui pèsent sur la croissance, à la fois celles qui concernent l'offre productive et la demande globale, nous incitent à penser, en effet, qu'aucune d'entre elles ne constitue un obstacle insurmontable. Un tel taux de croissance ne devrait pas susciter de tensions excessives sur les capacités de production, ni sur le processus de détermination des salaires compte tenu du marasme actuel du marché de travail. Le risque d'inflation ne doit donc pas être exagéré. À condition toutefois que des politiques adéquates soient conduites pour réduire le chômage structurel, à mesure de l'abaissement du taux de chômage effectif. Les contraintes qui pèsent sur la demande semblent dans la situation présente plus difficiles à contourner en raison des exigences de l'ajustement budgétaire. La demande privée peut retrouver un niveau plus dynamique, mais ne recevra pas le secours de politiques expansionnistes encore pour un temps. À moins que les gouvernements européens, retrouvant le sens de la régulation globale et de la coopération, ne décident d'agir de concert. Il est alors possible de montrer que dans les conditions favorables du présent, une telle action contribuerait de façon décisive à la solution du problème du chômage, à un coût faible en terme de dégradation des équilibres financiers.

Il se peut que la reprise en cours en Europe permette spontanément de retrouver un taux de croissance voisin de cet objectif. En cette hypothèse, il serait raisonnable d'en profiter pour réduire les déficits publics aux fins d'accroître les marges de manœuvre futures de la politique budgétaire et de les utiliser en cas d'essoufflement ultérieur de la croissance. Mais si tel n'était pas le cas, et que la croissance s'installait sur un sentier médiocre, il nous paraîtrait peu judicieux de procéder à de nouvelles restrictions budgétaires.

Notre analyse nous conduit à privilégier des politiques économiques portant à la fois sur la demande (pour réduire la composante keynésienne du chômage) et sur l'offre (pour réduire le taux de chômage d'équilibre). Nous sommes conscients des contraintes de la politique économique en cette phase de la construction européenne. Mais cela ne doit pas conduire à la paralysie, car nous sommes aussi conscients qu'il existe des réserves de croissance qui ne peuvent être mobilisées que par des politiques d'expansion. Il nous paraît donc utile d'illustrer par un exemple le type de mesure que nous recommandons : la réduction des cotisations sociales pesant sur les bas salaires, à la fois celles payées par les salariés et celles qui sont à la charge des employeurs.

Une baisse des cotisations sociales payées par les salariés les moins rémunérés se traduirait par une augmentation immédiate de leur pouvoir d'achat, sans pour autant augmenter les coûts des entreprises. Pour des considérations à la fois de répartition des revenus et d'augmentation de la demande, cette mesure nous paraît souhaitable non seulement pour la France, mais aussi pour l'ensemble des pays européens. Si cette mesure était appliquée à l'échelle européenne, une simulation réalisée à l'aide du modèle Mimosa suggère que pour un point de PIB de réduction des cotisations sociales salariées dans toute l'Union européenne, le taux de croissance de l'Union serait majoré d'environ un point chacune des trois premières années, et d'un peu plus d'un point en France ; le taux de chômage de l'Union, comme celui de la France serait réduit d'un point et demi au bout de trois ans ; le déficit budgétaire ne se creuserait que la première année, mais la mesure dégagerait un très léger excédent financier dès la troisième année [(16)]. Cette dernière conséquence résulte de ce que le multiplicateur européen est particulièrement élevé dans le modèle Mimosa. Elle conduit très probablement à minimiser le coût financier de la mesure. Il vaut mieux escompter que la mesure ne s'autofinance pas entièrement et laisse subsister *ex post* une légère augmentation du déficit public [(17)]. Il est même possible de

(16) Cf. Bernard Barbier (1997).

(17) Bien sûr, d'autres modalités d'expansion sont possibles ; notamment une baisse supplémentaire des taux d'intérêt serait non seulement favorable, mais contribuerait de surcroît à dégager des marges de manœuvre pour la politique budgétaire.

montrer, toujours au moyen du modèle Mimosa, que l'on peut calibrer la baisse des cotisations sociales payées par les salariés pour que le taux de croissance atteigne le niveau requis par nos calculs. Si la politique était conduite à l'échelle européenne, il en résulterait une réduction de près de quatre points du chômage en cinq ans. Mais le taux d'inflation en serait (légèrement) affecté. C'est précisément la raison pour laquelle les politiques de demande doivent être accompagnées de mesures favorables à l'offre.

Une diminution des cotisations sociales sur les bas salaires, cette fois celles qui sont à la charge des employeurs aurait évidemment cet effet puisqu'elle permettrait de réduire le coût du travail peu qualifié, dont le niveau relativement élevé nous semble être l'une des causes principales du chômage structurel en France. Elle permettrait donc une réduction du chômage d'équilibre. Ensemble, les deux mesures pourraient ainsi contribuer à une diminution du chômage, sans pression inflationniste.

Si l'on veut respecter les critères de Maastricht, et en l'absence de programme européen concerté, ces mesures ne pourraient pas être mises en œuvre immédiatement, du moins sans augmentation d'autres impôts ou réduction des dépenses publiques – ce qui éliminerait largement leur effet sur la demande. Mais elles devraient être progressivement mises en place dès lors que le retour de la croissance permettra la constitution des marges de manœuvre budgétaires nécessaires.

Le type de mesures que nous proposons paraît particulièrement bien adapté à la situation actuelle de la France. Il en existe évidemment d'autres. Mais les mêmes principes généraux doivent présider à leur élaboration. Une diminution durable du chômage requiert une période de croissance soutenue et non-inflationniste. Une telle croissance exige à la fois une relance de la demande et des reformes structurelles.

Références bibliographiques

Akerlof George A., William T. Dickens et George L. Perry (1996) : « The Macroeconomics of Low Inflation », *Brookings Papers on Economic Activity*, n° 1.

Barbier Bernard (1997) : *2002-Perspectives Macro-économiques*, Délégation du Sénat pour la Planification, n° 96.

Blanchard Olivier (1997) : « The Medium Run », *Brookings Papers on Economic Activity*, à paraître.

Blanchard Olivier et Pierre-Alain Muet (1993) : « Competitiveness Through Desinflation: An Assesment of the French Macroeconomic Strategy », *Economic Policy*, n° 16, avril.

Card David et Dean Hyslop (1996) : « Does Inflation Grease, The Wheels of the Labour Market ? », *NBER*, Conference on Monetary Policy and Low Inflation.

Cohen Daniel (1994) : *Les infortunes de la prospérité.*

Cotis Jean-Philippe et E. Rignols (1997) : « Modération salariale et chômage : une comparaison France/États-Unis », *Direction de la Prévision.*

Fitoussi Jean-Paul (1994) : « Minimum Wage and Unemployement », *Americain Economic Review*, mai.

Fitoussi Jean-Paul (1996) : « Substituabilities vs Complementarities Between Structural and Macroeconomic Policies », in *OECD 1996.*

Fitoussi Jean-Paul et Edmund S. Phelps (1988) : *The slump in Europe: Reconstructing Open Economy Theory*, Basil Blackwell.

Giorno Claude, Pete Richardson, Deborah Roseveare et Paul van den Noord (1995) : « Estimating Potential Output Gaps and Structural Budget Balances », *OECD Working Paper*, n° 152.

INSEE (1996) : « Résorption des déséquilibres de l'économie française : une exploration à l'horizon 2001 », *Économie & Statistique*, n° 299, septembre.

Jackman Richard, Richard Layard et Stephen Nickell (1996) : « Combatting Unemployment is Flexibility Enough ? », in *OCDE 1996*.

Laroque Guy (1997) : « Points de vue sur le potentiel de croissance de l'économie française », in *Les Rapports du Sénat*, n° 315, mars.

Malinvaud Edmond (1982) : « Wage and Unemployment », *The Economic Journal*, vol. 92, n° 365, mars.

Malinvaud Edmond (1986) : « The Rise of Unemployment in France », *Economica*, supplément, vol. 53, n° 210.

Muet Pierre-Alain (1997) : « Déficit de croissance et chômage : le coût de la non-coopération », *Document de travail Notre Europe*, n° 1, avril.

OCDE, 1996 : *Macroeconomic Policies and Structural Reform*, OECD Proceedings, Paris.

Piketty Thomas (1997) : « Les créations d'emplois en France et aux États-Unis. Service de proximité contre "petits boulots" ? », *Notes de la Fondation Saint-Simon*, décembre.

Pilat Dirk (1994) : « Comparaisons internationales des productivités une introduction », *Économie Internationale*, n° 60, 4e trimestre.

Sen Amartya K. (1997) : « L'inégalité, le chômage et l'Europe d'aujourd'hui », *Revue Internationale du Travail*, vol. 136, n° 2, été.

Sterdyniak Henri et *alii* (1997) : « Rapport sur la croissance potentielle », *miméo Bureau International du Travail*, Genève.

Commentaire

Edmond Malinvaud

Professeur honoraire au Collège de France

Le message d'Olivier Blanchard et Jean-Paul Fitoussi est clair : la réduction du chômage français exige une croissance plus forte pendant un certain temps ; or cela est possible grâce à une politique économique comportant à la fois des mesures d'expansion de la demande et des mesures en faveur de l'offre. Pour en convaincre, les auteurs se livrent d'abord à des calculs les conduisant à estimer que, pour atteindre, au bout de cinq ans, un taux de chômage de 7,5 %, il faudrait une croissance s'effectuant en moyenne sur la période à un taux de 3,6 à 3,8 % l'an. Puis ils reviennent sur l'explication de la montée du chômage au cours de plus de deux décennies, afin de suggérer quel type de politique réussirait à atteindre l'objectif ainsi posé.

Leur message est fondamentalement juste. Au cours des quinze dernières années divers pays ont effectivement réduit leur chômage. Ils l'ont fait grâce à des politiques persévérantes, qui ont à la fois stimulé l'expansion de la demande et favorisé le développement de l'offre. Pourquoi la France échouerait-elle là où d'autres ont réussi ?

Ce commentaire ne vise donc pas l'essentiel de l'étude de Blanchard et Fitoussi, mais plutôt ses détails. Il va porter d'abord sur le calcul faisant l'objet des parties sur la croissance effective et la croissance potentielle (page 11) d'une part et sur la réduction du taux de chômage et le taux de croissance (page 24) d'autre part, avant d'en venir aux analyses et suggestions présentées dans le reste du texte.

• Dans leur introduction les auteurs écrivent qu'ils ont peut-être sous-estimé le rythme de la croissance requise pour que, pendant les cinq prochaines années, le taux de chômage baisse en moyenne de 1 % par an.

Mais la réserve n'est pas reprise dans la suite du texte. Je pense cependant que, tout en appartenant au domaine des possibles, leur estimation risque de s'avérer un peu faible, c'est-à-dire que leur objectif pourrait se révéler trop ambitieux.

La comparaison internationale le fait craindre, car les baisses prolongées du chômage, sur des périodes de cinq années ou plus, se sont plutôt réalisées avec des réductions de 0,5 à 0,7 % par an (aux États-Unis entre 1982 et 1989, puis entre 1992 et 1997 ; au Royaume-Uni entre 1993 et 1998 ; aux Pays-Bas entre 1982 et 1992). L'examen des calculs présentés suggère aussi pourquoi ils pourraient sous-estimer l'effort requis. Ce ne sont pas les principes des calculs qui sont en cause, mais plutôt leurs modalités d'application.

Premier élément du calcul, le taux de la croissance potentielle serait celui résultant d'un taux d'emploi constant de la population active. La valeur retenue par les auteurs, 2,1 à 2,3 % l'an, vient de leur tableau 1, où le calcul conduit à 2,1 %, et de la référence à « un certain nombre d'études récentes, qui situent la croissance potentielle à environ 2,1 à 2,3 % ». En fait les deux seules études citées sont Laroque (1997), qui conduit à 2,3 % ± 0,7 %, et INSEE (1996) où l'évaluation de 2,2 % est donnée. Depuis lors l'INSEE a cru devoir relever son estimation à 2,25 % jusqu'en 2005.

En fait il y a une bonne raison pour considérer que 2,1 est trop faible comme estimation moyenne, même si on est d'accord avec les auteurs pour retenir à l'avenir le même taux de la croissance potentielle que celui estimé sur la période 1985-1995. Car ce taux estimé doit être plus élevé que celui constaté pendant les dix années en cause. En effet, durant la période de 1990 à 1993, la croissance de la productivité globale des facteurs a été exceptionnellement faible pour des raisons conjoncturelles. Pour cette dernière croissance l'INSEE par exemple retient un chiffre intermédiaire entre 1,3 % qui semblait constituer, cycle mis à part, un taux très stable de 1974 à 1991, et 1,15 % réalisé en moyenne sur les onze années 1985-1996, soit 1,25 %, ce qui correspond à 1,75 % pour la productivité du travail potentielle et, compte tenu d'une augmentation de 0,5 % l'an pour la population active, à 2,25 % pour le taux de croissance de la production potentielle.

Deux autres éléments du calcul sont assez délicats à retenir, la « flexion des taux d'activité », pour laquelle le coefficient retenu par les auteurs semble bien choisi, et l'effet du « cycle de productivité », pour lequel le coefficient retenu (1,15) semble en revanche bas. Pour écarter les valeurs nettement plus élevées qui sont habituellement citées, les auteurs écrivent que celles-ci s'appliquent aux reprises cycliques normales mais que, « dans le cas de la France aujourd'hui, après la longue période de stagnation des années quatre-vingt-dix, il est probable que les entreprises ont eu amplement le temps d'ajuster leurs effectifs à la production ». Ils font aussi état de ce que l'ajustement de l'emploi à la croissance de la production est devenu plus rapide. Il y a du vrai dans ces remarques. Néanmoins retenir 1,15, plutôt que par exemple 1,3, semble négliger la grande diversité des situations des entreprises, où l'ajustement de l'emploi est inégalement réalisé, et l'existence d'un nombre maintenant important de salariés qui, employés à temps partiel, souhaitent travailler davantage.

Or, si on effectue les deux corrections citées ici au calcul des auteurs, on aboutit comme évaluation centrale du taux de croissance à réaliser non plus à 3,6-3,8 % l'an, mais à 3,9-4,0 %.

• Sommes nous sûrs que l'économie française peut réaliser sans inflation une croissance à un taux voisin de 4 % l'an pendant cinq ans, c'est-à-dire à un taux excédant de plus de 2,5 % l'an celui de la croissance réalisée en moyenne sur les six dernières années ? Certes, il est concevable que s'enclenche un cercle vertueux où nous voyons peu à peu le taux de la croissance réalisable sans inflation se relever, comme il l'a fait aux États-Unis. Mais dans quels délais et jusqu'à quel point ? C'est la question principale qui nous est posée.

Les auteurs en traitent dans le début de leur partie sur les contraintes de la croissance (page 26) où ils considèrent fort opportunément l'éventualité de tensions sur les capacités industrielles de production. Ils concluent de leur examen que le taux d'utilisation de ces capacités ne serait « en aucun cas excessif ». Cependant d'autres examens de la même question sont moins rassurants. En voici un.

Le taux d'utilisation des capacités tourne aux environs de 83 % depuis 1994. Il n'a jamais atteint 89 % depuis plus de vingt ans. Si on veut éviter l'inflation il est sans doute nécessaire de ne pas voir ce taux longtemps monter au dessus de 87 %. Nous avons ainsi 4 % de marge. Pouvons-nous compter là dessus dans le cas d'une reprise rapide et soutenue de la croissance ? Les auteurs des projections à moyen terme INSEE-DP se sont posés la question. Le résultat de leurs supputations peut inquiéter : à supposer que les investissements industriels augmentent de 10 % chaque année, et que la production industrielle augmente de 15 % d'ici à 2002, le scénario, comportant par ailleurs un taux de croissance du PIB de 3 % l'an, conduit dès 1999 à un taux d'utilisation des capacités industrielles de 90 %.

Blanchard et Fitoussi citent de leur côté une simulation effectuée à l'aide du modèle Mimosa (celle-ci n'est pas parfaitement définie dans le texte). Avec un taux de croissance annuel du PIB de 4 % l'an, le taux d'utilisation des capacités industrielles se situerait au voisinage de 88 % durant les deuxième, les troisième et les quatrième années mais décroitrait par la suite. Cette simulation conduit ainsi à un diagnostic contraire à celui des analystes de l'INSEE et de la DP. Compte tenu du rôle stratégique de la question posée, un rapprochement des équipes s'impose afin que soient élucidées les causes d'une telle différence de diagnostic.

• J'ai lu avec beaucoup de satisfaction le début de la partie sur les origines du chômage (page 14), où est présentée sans réserve l'affirmation selon laquelle la montée du chômage du début des années soixante-dix jusqu'au milieu des années quatre-vingt était la conséquence d'une hausse excessive des salaires réels. Nous sommes tous conscients, les auteurs compris, de ce que cette affirmation simplifie par rapport à l'histoire du chômage durant cette période. Mais c'est la simplification que, avec quelques autres économistes, je proposai il y a une quinzaine d'années. Je n'avais pas l'habitude de la voir acceptée sans réserve à Cambridge, qu'il s'agisse du Cambridge anglais ou du Cambridge américain. L'idée a donc fait son chemin. Juste un détail de formulation à son sujet. Le texte parle de « revendications salariales excessives ». Il eût fallu écrire « revendications et concessions salariales excessives ». La responsabilité fut en effet autant celle des employeurs et des gouvernements que des salariés.

Blanchard et Fitoussi ont poussé plus loin l'analyse en calculant un « indice de pression salariale » dont l'évolution, depuis trente ans, fait l'objet du graphique. À première vue la figure contredit la thèse, souvent exprimée de nos jours, selon laquelle, après la correction effectuée dans les années quatre-vingt, la part des salaires dans la valeur ajoutée serait devenue trop faible. La fourchette de l'indice de pression salariale va de 1 à 10 % à la fin du graphique ; ce n'est pas encore centré autour de zéro et donne l'idée qu'il y a au contraire encore un bout de chemin à faire. Le diagnostic est même un peu aggravé quand nous tenons compte de ce que le taux d'intérêt réel à long terme reste plus élevé qu'il l'était en 1970 (de l'ordre de 4 % contre 3,2 % alors ; taux court du même ordre, soit 2,7 % en 1970).

Mais il y a deux raisons pour penser que le diagnostic est un peu trop pessimiste à cet égard. D'une part, la position en fin de période dépend de ce qui a été calculé comme rythme de croissance de la productivité tendancielle. Or nous avons vu que ce rythme est probablement un peu sous-estimé. S'il est sous-estimé de 0,1 % par an, sur 27 ans, cela ramène la fourchette à de – 2 à 7 %, une sous-estimation de 0,2 % conduisant à une fourchette centrée sur 0. D'autre part, l'indice cherche à mesurer ce que serait la pression salariale au moment où le taux de chômage aurait retrouvé son niveau de 1970 si cette pression ne variait plus d'ici là pour aucune autre raison que la diminution du taux de chômage. L'indice définit un concept intéressant ; mais nous ne devons pas perdre de vue son caractère un peu abstrait. Si nous pouvions espérer nous évader de la rigueur de la loi de Blanchflower-Oswald, ce qui ne serait d'ailleurs pas facile, nous ne ferions pas la correction introduite dans le calcul et nous abaisserions donc la ligne en noir de la figure de 10 % en fin de période (12,5-2,4) ; elle aboutirait alors à – 5 % environ.

• Quant à la période des années quatre-vingt-dix les auteurs incriminent un déficit de demande, dû à une politique monétaire anormalement restrictive suivie plus récemment d'une politique budgétaire restrictive. Il semble nécessaire d'insister aussi sur le changement, entre 1988 et 1993, disons, dans l'attitude des agents privés vis-à-vis de leur endettement. En effet, est apparu alors très brusquement un désir de se désendetter, aussi bien de la part des ménages que de celle des entreprises. Pour la prévision de l'évolution de la demande globale, nous devons aujourd'hui bien observer les indicateurs d'endettement et l'évolution des attitudes des agents. Cela importe évidemment pour ce qui doit être dit à propos du soutien de la demande.

• Blanchard et Fitoussi plaident pour que soient combinées des réformes structurelles et des politiques macro-économiques. Mais ils ne s'étendent pas longtemps sur les réformes structurelles souhaitables, qui ont pourtant fait chez d'autres l'objet de longs programmes. La raison en est sans doute, au moins en partie, le manque de précision des études économétriques détaillées qui se sont proposées d'estimer les impacts, notamment sur l'emploi, des multiples réformes qui ont été envisagées. Ce manque de précision est lui-même lié d'une part aux conditions scientifiques dans lesquelles les économètres opèrent du fait des difficultés propres à leur discipline, d'autre part à ce qu'il ne peut s'agir en l'occurrence que d'impacts à long terme, plus délicats à mesurer que ceux se manifestant rapidement.

Aux yeux de bien des Français les réformes structurelles n'ont guère de faveur. Outre qu'elles obligent à remettre en question des choix de priorités faits autrefois pour de bonnes causes, elles sont longues à produire des effets ; on tend à ignorer qu'alors les effets puissent être importants. Comment dès lors ne pas s'alarmer devant une aussi courte vision, entretenue dans l'opinion depuis plus de vingt ans que le chômage nous préoccupe ?

C'est dans ce contexte et dans celui raisonnablement prévisible pour les deux prochaines décennies qu'il convient de considérer en particulier l'allègement du coût du travail peu qualifié. Blanchard et Fitoussi analysent fort bien les raisons qui conduisent d'une part à le recommander, d'autre part à le réaliser par une réforme de la fiscalité ou parafiscalité. On ne devrait évidemment pas prétendre juger de cette réforme par des diagnostics sur les effets que pourraient avoir déjà eus les mesures récentes qui s'en sont inspirées.

Commentaire

Gilbert Cette

Conseiller scientifique au Conseil d'Analyse Économique

La communication d'Olivier Blanchard et Jean-Paul Fitoussi traite de la relation entre la montée du chômage et un éventuel déficit de croissance, les lectures possibles du ralentissement de la croissance, et les politiques qui pourraient être engagées afin d'accélérer la croissance et d'améliorer la situation sur le marché du travail. Bien qu'en accord avec de nombreux aspects abordés dans ce papier, je garde quelques doutes sur d'autres, et ce sont ces points de scepticisme que je voudrais ici développer.

Cinq points principaux me paraissent devoir être évoqués, qui vont amener à reprendre le fil du papier et de son argumentaire. Leur importance est par ailleurs inégale : le troisième point abordé est sans doute le plus important.

Le ralentissement de la croissance reflète essentiellement celui de la croissance potentielle

La première partie de l'étude s'interroge sur le ralentissement de la croissance qui a été, depuis le premier choc pétrolier, un facteur d'aggravation du chômage. À partir d'une décomposition comptable de la croissance, dont un chiffrage est ensuite proposé, il est montré que le ralentissement de la croissance reflète essentiellement celui de la croissance potentielle, lui-même conséquence du ralentissement de la productivité potentielle. Bien sûr, une augmentation de la croissance potentielle sera compatible avec une baisse du chômage à la seule condition que la croissance effective augmente davantage. Le taux de chômage décroît avec l'écart entre croissance effective et croissance potentielle.

Mais le calcul proposé de la croissance potentielle repose sur diverses informations et hypothèses qui peuvent être discutées.

• Le calcul de la productivité globale des facteurs mobilise des *séries de capital fixe* inévitablement fragiles. Et incompatibles statistiquement avec l'hypothèse (de sentier de croissance équilibré) d'une croissance du stock de capital identique à la croissance du produit. Le diagnostic sur le calcul de la croissance potentielle est sensiblement modifié si l'on mobilise des séries de capital fixe reconstruites avec des hypothèses de durée de vie plus réalistes, et plus proches des hypothèses de la prochaine nouvelle base comptable, à savoir des durées de vie plus courtes.

- Le calcul de la productivité potentielle est très dépendant de la mesure du taux de marge retenue (le niveau du taux de marge peut varier sensiblement selon la mesure adoptée (1)), et de la précédente hypothèse de calcul. Aussi, la comparaison empirique de la croissance de la productivité potentielle et de la croissance de la productivité effective est sans doute très fragile.

Quelle croissance est nécessaire pour réduire de cinq points en cinq ans le taux de chômage ?

L'objectif consistant à réduire de cinq points en cinq ans le taux de chômage n'apparaît pas hors de portée pour les auteurs. Selon eux, il « suffirait » pour cela, compte tenu de leurs précédents calculs de productivité, d'une croissance maintenue à 3,6/3,8 % l'an durant ces cinq années, contre environ 2,2 % depuis le premier choc pétrolier. Soulignons d'abord que ce calcul suppose que l'accélération de la croissance n'induirait qu'une faible accélération de la productivité : il est supposé qu'à moyen terme, pour que l'emploi augmente de 1 %, il faut un surcroît de croissance de 1,15 %. Or, le choix d'une valeur pour cette élasticité productivité-croissance reste inévitablement fragile, et celle ici retenue peut paraître faible. Notons qu'une élasticité de la productivité par rapport à la croissance de 0,25 voire 0,5 porterait la croissance nécessaire à la réduction de cinq points en cinq ans du taux de chômage (en conservant inchangées les autres hypothèses retenues par les auteurs) à respectivement 3,7/3,9 % et 4,0/4,2 %. Si l'on ajoute à cela que l'hypothèse de flexion des taux d'activité retenue par les auteurs paraît faible (1,3 emploi de plus font un chômeur de moins), et si l'on préfère une hypothèse de flexion plus proche de celles usuellement retenues par les modélisateurs (2) (1,5 emploi de plus font un chômeur de moins), la croissance nécessaire à l'objectif d'abaissement du taux de chômage des auteurs s'élève alors à respectivement 4,1/4,3 % et 4,4/4,6 %. Soit des rythmes moyens connus trois années seulement (1976, 1998 et 1989) depuis le premier choc pétrolier (graphique 1, page 47). L'objectif est ambitieux.

(1) Cf. par exemple les différents taux de marge calculés pour les entreprises non financières françaises et représentés aux graphiques 1 et 2 (pages 52 et 54) de l'annexe A du précédent rapport n° 2 : *Partage de la valeur ajoutée*, du Conseil d'Analyse Économique (novembre 1997).

(2) Cf. par exemple, Banque de France, CEPREMAP, Direction de la Prévision, Érasme, INSEE et OFCE (1996) : « Structures et propriétés de cinq modèles macro-économiques français », *Document de travail, Banque de France, DEER*, n° 38, juin.

Les risques de tensions inflationnistes sur les marchés des biens et du travail

Il convient de s'interroger sur la capacité de l'économie française à supporter la croissance et les créations d'emplois nécessaires à abaisser de cinq points en cinq ans le taux de chômage.

Sur le marché des biens

L'exemple du haut de cycle de la fin des années quatre-vingt nous montre que, pour être supportable sans tensions, l'accélération de la croissance doit être progressive afin que l'extension des capacités de production accompagne l'accélération de la croissance. En 1988 et 1989, la croissance du PIB a été d'environ 4,3 % chacune des deux années (graphique 1) et les taux d'utilisation mesurés tant par les enquêtes de la Banque de France que par celles de l'INSEE ont atteint des maxima historiques (graphique 2)... En clair, sur le marché des biens, un tel rythme de croissance n'aurait sans doute pas été supportable une ou deux années de plus.

Qu'en est-il aujourd'hui ? Il apparaît que l'outil de production installé dans les entreprises françaises a été peu renouvelé, et a sensiblement vieilli : son âge moyen aurait ainsi augmenté de 0,5 l'an du début des années quatre-vingt-dix au début de l'année 1997 (3) (graphique 3). Autrement dit, on peut craindre qu'il soit actuellement peu adapté à supporter une reprise assez brutale. L'hypothèse, avancée par les auteurs, de réorganisations permettant de dégager des capacités de productions suffisantes pour éviter des tensions trop fortes sur le marché des biens doit être relativisée : en 1988 et 1989, de telles réorganisations avaient bien été observées dans l'industries française (4), mais malgré leur importance, compte tenu de la forte croissance, elles n'avaient pas suffi à éviter la montée des tensions dans l'utilisation des capacités de production jusqu'à des niveaux historiquement élevés.

Sur le marché du travail

Il faut constater tout d'abord que l'hypothèse d'une réduction du taux de chômage de cinq points en cinq ans suppose une création d'au moins 400 000 emplois chacune de ces cinq années. En effet, cette baisse d'un point par an du taux de chômage nécessite la création annuelle de 250 000 emplois au-delà de la progression de la population active, qui avoisine elle-même actuellement 150 000 personnes par an... Or, depuis le premier choc pétrolier, la France n'a jamais créé plus de 330 000 emplois sur une même année, et jamais plus de 600 000 sur deux ans (graphique 4).

(3) Le calcul de cet âge moyen est réalisé une durée de vie de 12 ans pour les équipements.

(4) Cf. par exemple G. Cette et D. Taddei (1995) : « Durée d'utilisation des équipements industriels : mesure et éléments de comparaison internationale », *Économie et statistique*, n° 287, 1995-7.

1. Taux de croissance annuel moyen du PIB français

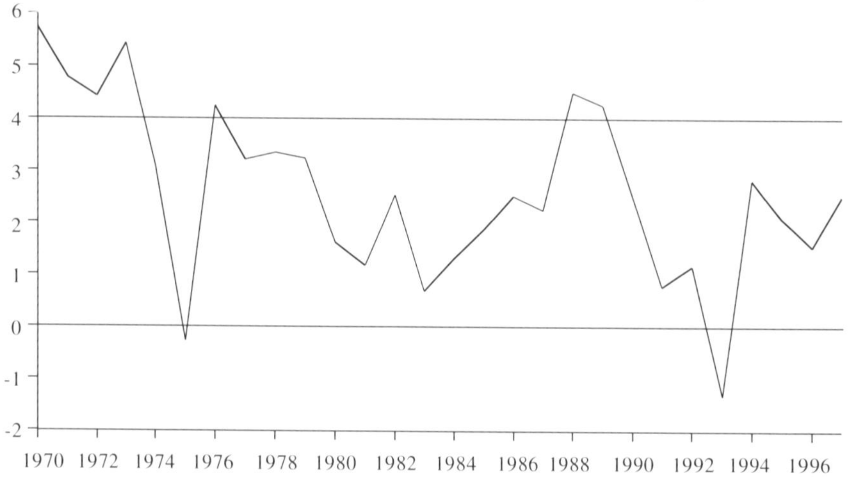

Les deux lignes horizontales correspondent à des taux de croissance de 0 et 4%.
Source des données : INSEE.

2. Taux d'utilisation des capacités de production dans l'industrie française

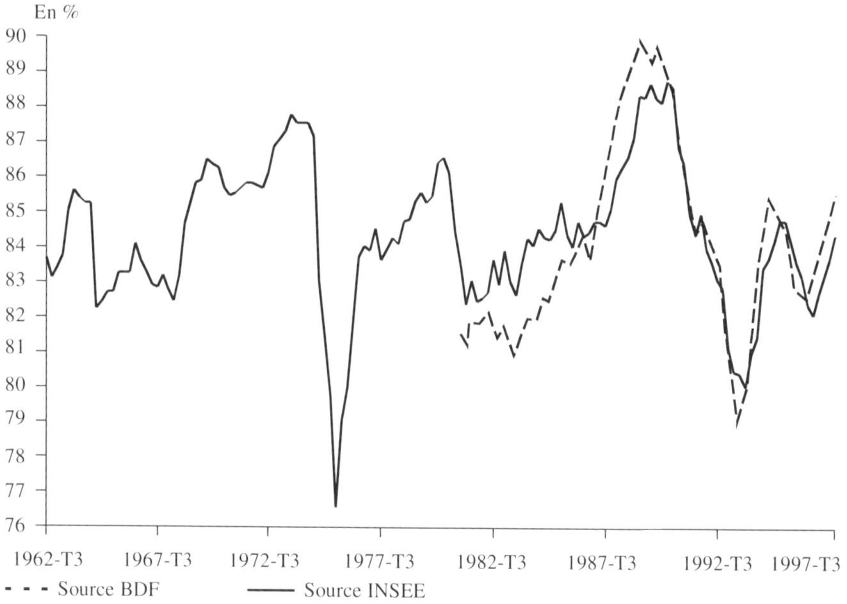

3. Âge moyen du capital installé dans les entreprises non financières françaises

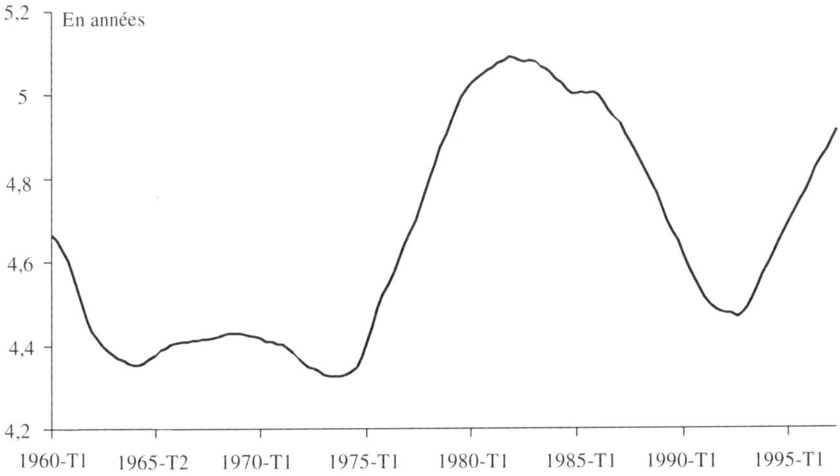

Source : INSEE

4. Évolutions annuelles moyennes de l'emploi total en France

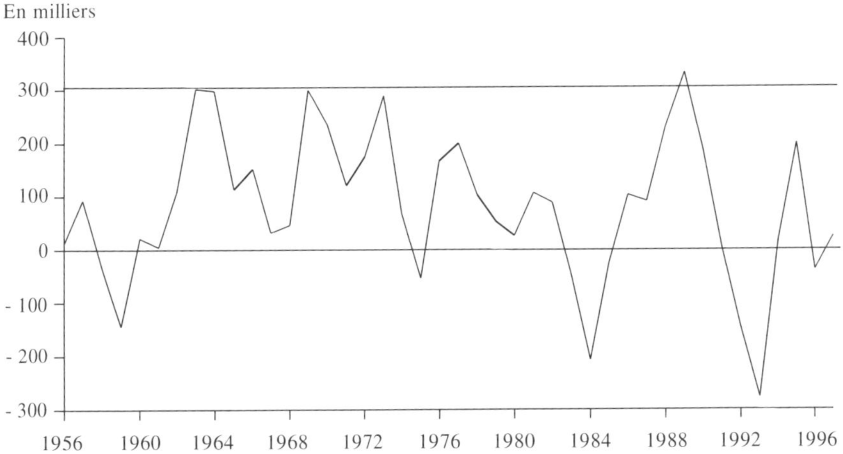

Les deux lignes horizontales correspondent à des créations d'emplois nulles ou de 300 000 unités.

Source : INSEE.

5. Difficultés de recrutement dans l'industrie française : proportion (en %) d'industriels mentionnant des difficultés de recrutement

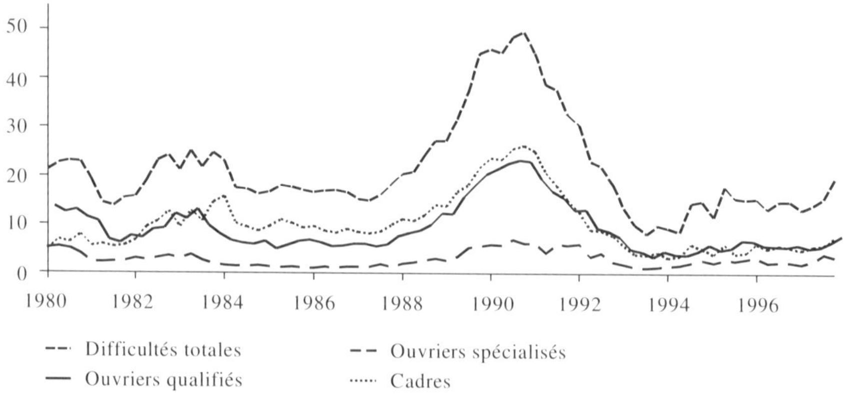

Source : INSEE, Enquêtes trimestrielles de conjoncture.

6. Croissance du salaire horaire réel en France : glissement sur quatre trimestres

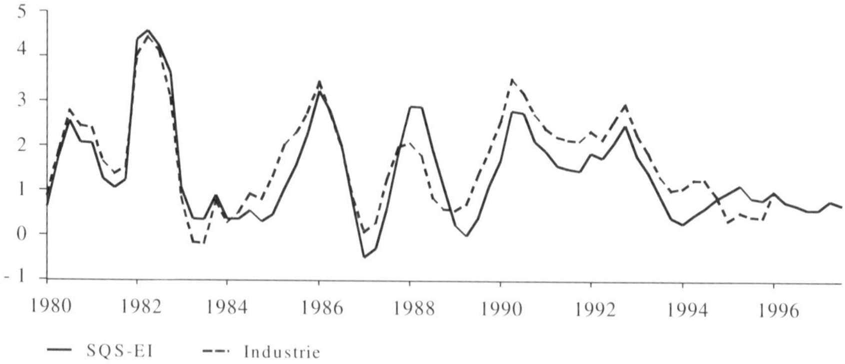

Source : INSEE, comptes trimestriels.

Reprenons ici encore l'exemple du haut de cycle de la fin des années quatre-vingt. 300 000 emplois créés annuellement durant deux ans ont amené, en France, des difficultés de recrutement importantes : près de 50 % des chefs d'entreprise industrielle mentionnaient alors aux enquêtes de l'INSEE des difficultés de recrutement, contre environ 20 % les années antérieures et postérieures, ces difficultés étant particulièrement fortes pour les cadres et les ouvriers qualifiés (graphique 5). Ces difficultés de recrutement n'ont pas été sans conséquences sur la progression des salaires qui ont alors connu une accélération notable (graphique 6, page 49) [5]. Et cette accélération des salaires a elle-même entraîné un arrêt et même une diminution momentanée des taux de marge. Or, de telles tensions salariales ont été connues alors même que l'économie française se caractérisait par des taux de chômage déjà élevés : 10,5 % au point haut de 1987, abaissé à 8,9 % au point bas de 1990.

La question reste donc entière : l'économie française est-elle capable d'absorber sans tensions salariales une baisse annuelle d'un point du taux de chômage durant cinq ans ? Les auteurs proposent d'accompagner ces créations d'emplois par une diminution des allocations chômage, principalement par l'abaissement des durées d'indemnisation chômage, afin d'alléger les pressions salariales en réduisant le chômage classique. Mais rien ne prouve ici que cela suffirait...

Si l'on s'accorde sans doute pour penser que le taux de chômage d'équilibre de long terme est inférieur à 10 %, il existe de nombreuses et fortes divergences d'appréciation concernant :

– le niveau plus précis de ce taux de chômage d'équilibre de long terme, dont les évaluations varient entre 5 et 9 % ;

– l'existence et le niveau d'un taux de chômage d'équilibre de court terme, certes fonction du chômage effectif, mais qui induit une certaine inertie dans la possibilité de se rapprocher sans tensions inflationnistes du taux de chômage d'équilibre de long terme. Liée à des effets d'hystérèse, cette inertie peut sans doute être atténuée par des réformes structurelles sur le marché du travail.

Les causes de la faible croissance des années quatre-vingt-dix

Cette faible croissance serait liée à une mauvaise gestion des politiques tant monétaires que budgétaires, et à une mauvaise coordination des « policy-mix » entre les pays européens, surtout après la réunification allemande. Trois remarques sont à faire.

• Il est toujours difficile en ce domaine de faire de l'*intertemporel*, mais il est utile signaler, à côté du coût immédiat, le bénéfice retardé de l'assainissement budgétaire et d'une politique de change durablement maintenue, sans forcément trancher sur le solde entre ce bénéfice et ce coût.

• Il faut souligner que la continuité de la *politique monétaire française*, centrée sur un arrimage au mark, a permis un allégement progressif des conditions financières imposée par les marchés à notre pays. Depuis l'indépendance de la Banque centrale, début 1994, on constate une baisse notable de la

(5) Depuis le début des années quatre-vingt, on observe bien une accélération des salaires à chacune des alternances politiques de 1981, 1986 et 1988, ainsi qu'au moment de l'ordonnance de janvier 1982 concernant la durée du travail, et enfin à la fin des années quatre-vingt (cf. graphique 6).

prime de risque, maintenant annulée, caractérisée par l'écart de taux long (qui, rappelons le, est un taux de marché) France-Allemagne (graphique 7).

• *Enfin, on ne peut traiter de façon symétrique les choix de politique budgétaire et de politique monétaire.* Quand Gordon (cité dans l'étude) montre que la dépréciation du change a permis à certains pays de connaître une croissance plus rapide, il convient de remarquer que plus le nombre de pays faisant ce choix aurait été grand, plus les effets auraient été faibles... Le contraire vaut pour les politiques budgétaires : plus le nombre de pays qui desserrent leur politique budgétaire est grand, plus les effets en sont importants pour chaque pays...

7. Écarts de taux d'intérêt nominaux France-Allemagne

Source : DATASTREAM

Recommandations de politiques économiques

Les politiques économiques préconisées par les auteurs pour abaisser le chômage portent à la fois sur la demande, pour réduire la composante keynésienne du chômage, et sur l'offre, pour réduire le chômage d'équilibre. La réduction des cotisations sociales sur les bas salaires, à la fois celles payées par les salariés afin de stimuler la demande et celles à la charge des employeurs pour abaisser le chômage d'équilibre, répondrait à ce double objectif. Mais afin de rester compatible avec le respect des critères de Maastricht, ces mesures devraient être progressivement mises en place, de préférence de façon coordonnée au niveau européen, dès lors que le retour à la croissance permettrait la constitution des marges de manœuvre budgétaires nécessaires. Une réforme du système d'indemnisation du chômage le rendant plus favorable à l'emploi contribuerait également à abaisser le taux de chômage d'équilibre. Mais ces orientations reviennent à amplifier la reprise économique, et non à la susciter. D'autres conditions, comme le maintien en Europe de bas taux d'intérêt, garantiront davantage la pérennité de la reprise.

Complément

La relation entre croissance, emploi et chômage

Paul Champsaur

Directeur général de l'INSEE

Sur la période 1975-1990, la croissance annuelle de la population en âge de travailler était de l'ordre de 0,8 %, soit 200 000 par an. La croissance de la population active était légèrement inférieure car la réduction des taux d'activité aux deux extrémités de la vie active a plus que contrebalancé la montée du taux d'activité féminin.

Pendant cette période, la croissance de la productivité du travail a été un peu supérieure à 2 % l'an. Elle était supérieure en France à celle du reste de l'Europe ce qui a mis en lumière un problème spécifiquement français, à savoir le faible contenu en emplois, notamment peu qualifiés, de la croissance.

Pendant cette période, le rythme de croissance permettant de stabiliser le chômage approchait en France 3 %, alors que le reste de l'Europe pouvait se contenter d'un rythme de l'ordre de 2,5 %.

Depuis 1990 et pour toute la décennie, la croissance de la population en âge de travailler s'est infléchie, mais c'est vrai aussi de la tendance à la baisse des taux d'activité aux âges extrêmes. Au total, la croissance de la population active est de l'ordre de 0,5 à 0,6 % l'an soit environ 150 000 par an, ce chiffre valant en particulier pour la deuxième moitié de la décennie.

Toujours depuis 1990, on a assisté à un ralentissement très net de la croissance de la productivité du travail par tête. Celle-ci a été proche de 1,5 % l'an au cours des 5 dernières années. Autrement dit, sur le passé récent, une croissance à peine supérieure à 2 % aurait été suffisante pour stabiliser le chômage.

Cet enrichissement très sensible du contenu en emplois de la croissance est attribué en premier lieu au développement du temps partiel et à la réduction du coût du travail peu qualifié, sachant que les deux phénomènes sont inextricablement liés car l'abaissement des charges sociales sur les bas salaires touchait tout particulièrement l'emploi peu qualifié à temps partiel. Cette analyse est corroborée par l'origine sectorielle de la meilleure tenue de l'emploi, à savoir des secteurs comme les services aux ménages et le commerce de détail, gros pourvoyeurs d'emplois peu qualifiés. Cet enrichissement aurait généré environ 300 000 emplois supplémentaires en 4 ou 5 ans dans le secteur marchand.

Il est possible également que la faible croissance de la première moitié des annéesquatre-vingt-dix ait pesé sur l'évolution de la productivité du travail alors que, en outre, le haut niveau des taux d'intérêt incitait les entreprises à un usage plus intensif du capital.

Au total, dans nos projections à moyen terme, nous tablons sur une poursuite de l'enrichissement du contenu en emplois de la croissance pour autant que l'évolution du coût du travail en général et du coût du travail peu qualifié en particulier reste modérée. Cependant, si la croissance est plus soutenue comme nous l'espérons, l'évolution de la productivité du travail se redresserait un peu par rapport aux tendances récentes, hors prise en compte des effets éventuels de la baisse de la durée légale du travail. Cela nous a conduit, dans nos projections à moyen terme, à retenir l'hypothèse d'une croissance de la productivité du travail un peu inférieure à 2 % et d'une croissance nécessaire pour stabiliser le chômage légèrement inférieure à 2,5 %. Ces estimations sont très voisines de celles faites pour l'ensemble de l'Europe. On considère en effet que le taux de chômage moyen en Europe se stabilise pour une croissance de l'ordre de 2 % l'an.

Complément

Enrichissement de la croissance en emploi et baisses de charges

Claude Seibel

Directeur de la DARES

L'enrichissement de la croissance en emplois apparaît comme un résultat important des années récentes dans le cas de la France. Comme le rappelle l'ouvrage commun des trois directions – DARES, DP et INSEE – comportant les fiches réalisées pour la conférence du 10 octobre 1997, des simulations de l'emploi à partir du seul lien classique entre emploi et croissance sous-estime fortement l'emploi observé dans les statistiques. Cette sous-estimation est de l'ordre de 500 000 fin 1996. Alors que dans les années quatre-vingt le taux de croissance minimum qui permettait une augmentation de l'emploi total était de 2,5 à 3 %, on a observé une baisse progressive de ce taux minimum, il s'établirait actuellement entre 1,5 et 1,7 %.

Comment interpréter ce résultat ? Trois facteurs sont généralement évoqués.

Cet enrichissement de la croissance en emplois est pour partie tendanciel (développement relatif plus rapide du tertiaire notamment). Ce premier effet conduirait à abaisser le seuil à partir duquel la croissance commence à créer des emplois à 2 % aujourd'hui.

Un rôle important peut être accordé au développement du temps partiel, en forte progression depuis 1992 (1 point par an de mars 1992 à mars 1997 selon l'enquête Emploi dans le champ du secteur marchand non agricole et selon les enquêtes ACEMO) : ceci a contribué à réduire la durée moyenne globale du travail d'environ 0,4 % par an pour la même période. Cette forme de partage du travail, à salaire horaire parfois inférieur à ceux des temps complets comparables, a bénéficié d'une dynamique favorable (le développement de secteurs à fort taux de temps partiel), d'une législation plus favorable et d'allégements du coût du travail importants depuis 1992 (abattement temps partiel et ristourne dégressive). On peut penser que la « reproratisation » de la ristourne progressive pour le temps partiel, à partir du 1er janvier 1998, rendra moins dynamique le développement du temps partiel individuel.

Le troisième facteur concerne l'effet des mesures de réduction du coût du travail peu qualifié proposées dans les travaux de pré2paration du XIe Plan sous forme de franchise, et mises en œuvre de manière plus ciblées sur les bas salaires avec, d'abord, l'exonération des cotisations familiales de 1993, puis la ristourne dégressive de 1995. Ces deux mesures ont été fusionnées en 1996 et représentent plus de 40 milliards de francs pour 1997 et 1998. Leur effet sur l'emploi provient du fait qu'elles concentrent l'effort financier sur les bas salaires : d'une part, à ce niveau les aides représentent un plus grand pourcentage de réduction du coût du travail, et d'autre part, il est généralement admis que le lien entre l'emploi et son coût (élasticité) est plus grand pour les emplois peu qualifiés.

Les évaluations, peut-être un peu optimistes, de la DARES et d'autres organismes retiennent des effets de l'ordre de 60 000 emplois à terme (à cinq ans) pour 10 milliards de francs non financés (10 à 50 000 lorsqu'ils sont financés par une réduction de dépenses ou par un prélèvement). Pour 40 milliards de dépenses non financées, c'est donc environ 240 000 emplois bruts créés que l'on peut en attendre sur une période de 5 ans.

Compte tenu des délais qui existent entre la dépense et les créations d'emploi, mais aussi de la montée en charge des dispositifs de 1993 à 1997, leur impact sur l'emploi (dans l'hypothèse où ces allégements ne sont pas financés) serait au maximum de 80 000 fin 1997 et de 120 000 fin 1998, soit la moitié de l'effet total.

Ce qui veut dire deux choses.

- Les effets ne sont pas encore tous visibles, et sont donc encore à venir.
- Dans les explications sur l'enrichissement de la croissance en emplois, et en particulier l'explication des emplois supplémentaires par rapport au seul lien croissance-emploi, l'effet du temps partiel est principal mais il y a une place non négligeable à accorder pour une explication complémentaire par les effets de politiques d'allégement de charges.

Toutefois il n'a pas été possible de mener des travaux plus précis sur l'effet de ces mesures puisque les effets sont lents et que les statistiques d'emploi et de comptabilité nationale pour les années récentes ne sont pas totalement stabilisées. Fin 1998 on devrait pouvoir mener à bien des études plus fines, notamment au plan sectoriel.

Aujourd'hui, hors effet des baisses de charges et à durée du travail moyenne inchangée, il faudrait environ 2 % de croissance pour avoir de premières créations d'emploi (rythme de croissance de la productivité horaire). Pendant les années où jouent les effets des baisses de charges, ce potentiel est abaissé d'un quart de point environ. Il est encore réduit de 0,4 point si le temps partiel continue à augmenter sur un rythme fort. Ces deux effets expliquent que le seuil à partir duquel la croissance commence à créer des emplois se soit abaissé à 1,5 % par an pendant la période 1994-1997.

L'effet des baisses de charges peut-il être accru et rendu maximum ? En réalité, ces politiques ont souffert dès le départ des changements de dispositifs ou de seuils (elles ont été pratiquement modifiées tous les ans). Elles apparaissent peu stabilisées, et les entreprises peuvent redouter une remise en cause permanente. De plus, leur mode de financement conforte cette crainte dans la mesure où l'inscription d'une telle dépense dans un chapitre budgétaire conduit à envisager régulièrement des « retouches » peu rentables budgétairement mais qui « polluent » le dispositif et le rendent peu assuré aux yeux des entreprises. Aussi, une stabilisation comportant un mode de financement « hors budget général » pourrait raisonnablement conduire à envisager un impact plus fort (par exemple, par débudgétisation sur la Sécurité sociale de la mesure et d'une ressource équivalente).

Complément

Les perspectives de croissance à moyen terme et leurs conséquences sur l'emploi

Jean-Philippe Cotis

Directeur de la Prévision

Les créations d'emploi que l'on peut attendre pour les années à venir seront conditionnées par deux paramètres importants :
- le taux de croissance que peut soutenir l'économie française sans accélération de l'inflation ;
- le contenu en emploi de la croissance.

Dans ces deux domaines, les perspectives semblent aujourd'hui très favorables, plus favorables en tout cas qu'elles ne l'ont jamais été depuis le début des années quatre-vingt.

Paul Champsaur et Claude Seibel viennent d'évoquer l'enrichissement du contenu en emploi de la croissance observé au cours de ces dernières années.

Je limiterai donc mon propos aux perspectives de croissance de l'économie française. La croissance que peut soutenir l'économie française, sans accélération de l'inflation, pourrait atteindre 3 % l'an au cours des 4 ou 5 prochaines années, soit une croissance très supérieure à celle qui permet de déclencher les premières créations d'emplois (évaluée aujourd'hui à 1,5 % l'an).

Ce sentier de croissance relativement soutenu aurait une double origine :
- d'une part une croissance relativement vigoureuse de notre potentiel de production comprise entre 2,2 et 2,4 % l'an ;
- d'autre part, le rattrapage d'un important « déficit de demande » que l'INSEE et la DP évaluent encore à près de 4 points de PIB en 1997. Ce déficit de demande a été accumulé au cours des années 19 92 à 1996.

Ces estimations ne constituent bien entendu que des ordres de grandeur très imprécis qui peuvent être discutés. Certaines institutions comme la Commission européenne ou la Banque de France, qui attribuent le ralentissement de l'économie française à un affaiblissement de notre potentiel de production plutôt qu'à une faiblesse de la demande, aboutissent évidemment à des résultats moins favorables.

Un mot de précaution, pour finir, sur les risques qu'il y aurait à donner une interprétation trop mécaniste aux estimations de croissance soutenable que je viens d'évoquer. Ce souci de prudence concerne, en particulier, les estimations du « déficit de demande » dont souffre encore aujourd'hui la France.

Les chiffrages proposés – un déficit de demande de 4 % de PIB – donnent une idée du « terrain qui a été perdu » au cours de la récession des années quatre-vingt-dix. Ils ne garantissent pas que le terrain perdu sera nécessairement reconquis.

Deux facteurs de risque méritent d'être rappelés :

– phénomènes d'irréversibilité associés au développement du chômage de longue durée. Un chômage d'origine conjoncturelle ou keynésien, peut se transformer en chômage structurel si la récession s'est prolongée suffisamment longtemps pour marginaliser une partie des demandeurs d'emploi ;

– une accumulation du capital trop tardive ou trop timide. La reprise de l'investissement a beaucoup tardé par rapport aux prévisions initiales. Les premiers signes de reprise qui se sont manifestés au second semestre 1997 doivent encore se confirmer et surtout s'amplifier.

Moyennant ces précautions liminaires, le scénario central qu'ont retenu l'INSEE et la DP est bien celui d'une reprise soutenue de l'activité. Alimentée dans un premier temps par les exportations, la reprise s'appuierait ensuite sur une amélioration très progressive de la consommation et un net redémarrage de l'investissement.

Les fondamentaux dont bénéficient aujourd'hui la France et d'autres pays d'Europe continentale – faible inflation, conditions monétaires beaucoup plus détendues que par le passé, bonne assise financière des entreprises, forte épargne initiale des ménages – sont suffisamment favorables pour asseoir une reprise durable et auto-entretenue de la demande intérieure, apte à prendre le relais de la demande étrangère.

Complément

Croissance, emploi et réduction du temps de travail

Jean-Paul Fitoussi

Président de l'OFCE

Olivier Blanchard et moi-même avons tenté de mesurer le taux de croissance nécessaire pour réduire le chômage de cinq points en cinq ans. Ce taux, compris entre 3,6 et 3,8 % par an est supérieur à celui qui est estimé dans toutes les projections à moyen terme de l'économie française, y compris les plus optimistes. Pourtant il n'apparaît pas comme étant hors de portée, surtout après une aussi longue période de croissance lente (moins de 1,5 % l'an pendant sept ans).

Quelles sont donc les contraintes qui s'exercent sur la croissance de l'économie française ? Notre analyse montre que, dans les deux ou trois prochaines années, il faut rechercher ces contraintes davantage du côté de la demande que de celui de l'offre. Dans les projections existantes, notamment celles de l'INSEE et de la Direction de la Prévision, tout se passe comme si l'arrêt de politiques anormalement restrictives permettait le retour à un comportement normal des agents économiques privés conduisant spontanément à une croissance comprise entre 2,5 et 3 % l'an. C'est semble-t-il l'horizon indépassable de la croissance, si l'activité économique ne reçoit pas le secours d'une impulsion globale expansionniste. Sans une telle impulsion, la croissance redevient certes normale, mais insuffisante pour effacer les traces sur l'emploi des récessions passées. Or compte tenu du niveau du déficit public en notre pays et des contraintes du pacte de stabilité, il est peu probable que le gouvernement dispose des marges de manœuvre suffisantes pour conduire une politique expansionniste. Ce n'est qu'à l'échelle européenne qu'une telle politique apparaît possible aujourd'hui. En attendant que les pays européens retrouvent ensemble le sens de la coordination, c'est-à-dire la volonté d'œuvrer de concert pour combattre le chômage, il est légitime de rechercher d'autres solutions tant l'urgence sociale est grande.

Dans une étude récente de l'OFCE, Gérard Cornilleau, Éric Heyer et Xavier Timbeau ont tenté d'évaluer, aussi complètement qu'il était possible, les conséquences diverses que pouvait avoir sur l'emploi le passage aux 35 heures. Ils convient de considérer les résultats de ces études avec la plus grande des modesties. Elles sont doublement conditionnelles, aux hypothèses des différents scénarios, et au type de modèle utilisé.

Il est possible de résumer brièvement la conclusion principale de cette étude. Le passage aux 35 heures pour les entreprises de plus de 20 salariés peut contribuer significativement à la création d'emplois (plus de 450 000) s'il s'effectue dans des conditions qui ne conduisent pas à la dégradation des équilibres macro-économiques, c'est-à-dire s'il ne conduit pas à une augmentation des coûts du travail ou du capital. Cela implique « un effort » réciproque des différents acteurs : de réorganisation pour les entreprises, d'acceptation d'une compensation salariale non intégrale pour les salariés. L'un des intérêts de l'étude est de montrer que d'une part, « l'effort » demandé collectivement aux salariés n'est pas considérable – les 35 heures ne seraient pas payées 39, mais 38 – et que « cet effort » pourrait encore être réduit si les entreprises profitaient de la loi pour augmenter la durée d'utilisation de leurs équipements. C'est à dessein que le mot effort apparaît systématiquement entre guillemets. Car il pourrait s'agir non pas d'un sacrifice, mais d'un investissement dont la rentabilité pourrait être beaucoup plus élevée qu'on ne le croit. Les salariés ont collectivement intérêt à la croissance de l'emploi car elle réduit la précarité de leurs conditions et qu'elle est donc promesse de revenus plus élevés dans l'avenir. Les entreprises ont intérêt à repenser leur gestion, car cela est gage d'une plus grande efficacité future et producteur d'une externalité sociale positive. Les acteurs réalisent ainsi un échange intertemporel profitable qui accroît le bien-être de chacun. Mais, de fait seuls les salariés sont appelés à renoncer à une fraction de leurs revenus présents. Les entreprises, dans les hypothèses qui construisent ce scénario, ne subissent aucun infléchissement de leur profit. Les conditions favorables seraient donc selon les auteurs, celles où salariés et chômeurs partagent entre eux emploi et revenu de façon à ce qu'il n'en coûte rien aux entreprises.

Évidemment, si ces conditions n'étaient pas réunies, l'effet sur l'emploi des 35 heures en serait considérablement amoindri, et les équilibres macro-économiques à ce point dégradés que le jeu n'en vaudrait pas la chandelle. Mais il dépend de la bonne tenue de la négociation sociale et de l'intérêt bien compris des acteurs collectifs qu'il n'en soit pas ainsi. Pour les économistes habitués à raisonner en termes d'agents microéconomiques rationnels – surtout en ces temps de montée de l'individualisme –, la seule chose qu'il soit possible d'affirmer est que la loi Aubry sera d'autant plus efficace qu'elle mettra en place un système d'incitations et de contraintes tel que les choix individuels égoïstes conduisent spontanément au bien commun. Elle jouerait alors le rôle de la main invisible qui harmonise les intérêts individuels, selon la métaphore d'Adam Smith. Que la main du gouvernement soit des plus visibles rappelle simplement que les règles du jeu doivent avoir un auteur.

Que penser de cette possible « solution » ? La réduction du temps de travail est un objectif en soi de toute société humaine. Il témoigne de ce que la lutte contre la rareté, qui est le contenu même de l'activité économique, est victorieuse. La « fin du travail » est éminemment désirable car elle signifierait alors que nous aurions trouvé le secret de l'abondance. Ce qui est gratuit n'a, du moins en économie, pas de valeur, et il n'est nul besoin de travailler pour l'obtenir. Mais on ne peut sérieusement soutenir que tel est le cas aujourd'hui, en raison même de l'immensité des besoins non encore satisfaits. L'histoire de la croissance est l'histoire de la réduction de la durée du travail, car la croissance rend solvable « la demande » de loisirs. C'est parce que nos sociétés ont aujourd'hui un niveau de vie incomparablement plus élevé que celui qui les caractérisait il y a cinquante ans que l'on y travaille beaucoup moins. Et il est presque de l'ordre de la certitude – sauf accident de l'histoire – que l'on travaillera encore beaucoup moins dans cinquante ans. C'est que l'arbitrage entre travail et loisir devient de plus en plus favorable au loisir à mesure que les niveaux de vie s'élèvent. L'élasticité de la durée du travail par rapport à la croissance économique est donc nécessairement négative. Mais une chose est de constater une évolution spontanée, la réduction de la durée du travail, lorsqu'elle se déroule dans un contexte de progrès économique et social ; une autre est de vouloir contraindre cette évolution, en justifiant cette contrainte par l'absence même de perspectives de progrès.

Il est une autre raison, plus circonstancielle, pour laquelle la réduction de la durée du travail est un objectif désirable en soi. Dans une économie caractérisée par un chômage de masse, les rapports de force entre acteurs sont profondément deséquilibrés au détriment du travail. Les salariés se battent le dos au mur, tant leur position est fragilisée par la montée du chômage. La baisse du temps de travail est alors conquête sociale dans la mesure où elle rétablit un espace de négociations entre salariés et entrepreneurs, que le déséquilibre des rapports de force entre acteurs avait réduit à sa plus simple expression.

Par contre, la réduction du temps de travail comme moyen de lutte contre le chômage, m'apparaît beaucoup moins fondée, si elle est conséquence d'un renoncement, consenti ou contraint, à des politiques de croissance. Elle est alors une solution de résignation dont le bon côté est qu'elle repose sur la solidarité, mais dont le risque est qu'elle accrédite l'idée que l'offre de travail est devenue surabondante et qu'il n'est d'autre solution d'avenir que de la rationner. On sait à quels errements une telle philosophie peut conduire. Les auteurs montrent certes que la loi des 35 heures peut significativement contribuer, si les conditions sont favorables, à la création d'emplois. Mais ils montrent aussi qu'il ne faut en attendre qu'une réduction d'un peu plus d'un point du taux de chômage. C'est évidemment important, mais pas vraiment à la hauteur du déséquilibre de l'emploi en notre pays.

En bref, la réduction du temps de travail pourrait être, dans des conditions idéales, un instrument utile. Mais elle ne doit en aucun cas être considérée comme un substitut à une politique d'expansion qui seule permettra de retrouver vraiment le chemin de la croissance et de la réduction spontanée de la durée du travail. Il est encore trop tôt pour supprimer définitivement les chapitres de macro-économie de nos manuels.

En quelle mesure la prise en compte des effets possibles de la réduction du temps de travail modifie-t-elle les conclusions du rapport qu'Olivier Blanchard et moi-même avons présenté ? En nous plaçant dans les conditions les plus favorables de l'étude de l'OFCE, la semaine de 35 heures permettrait de réduire en trois ans le taux de chômage de 1,2 point. Or nous avons calculé que la croissance devait être supérieure de 1,5 point à son potentiel pour que le taux de chômage soit réduit d'un point. La réduction du temps de travail permettrait donc « d'économiser » 1,8 point de croissance, disons deux points. Dès lors, pour atteindre l'objectif – revenir à un taux de chômage de 7,5 % en cinq ans – il « suffirait » que le taux de croissance s'établisse entre 3,2 et 3,4 % en moyenne. C'est encore au-dessus des projections existantes, mais on s'en rapproche.

Il est une conclusion majeure que l'on peut tirer de cette arithmétique : sans une croissance relativement forte, qui tranche avec celle que nous avons connue jusqu'ici dans les années quatre-vingt-dix, il n'est pas de vraie solution au problème du chômage. La réduction du temps de travail peut certes aider à ce que l'objectif d'emploi soit atteint plus vite, mais la dynamique qui nous conduira à nous en rapprocher dépend presqu'exclusivement du taux de croissance.

Annexe A

Perspectives macro-économiques à moyen terme

INSEE et Direction de la Prévision

Une fois par an, l'INSEE et la Direction de la Prévision mènent conjointement une projection de moyen terme qui couvre les cinq années à venir, soit 1997-2002 pour la dernière en date. À cette occasion sont élaborés des scénarios qui permettent traditionnellement d'identifier les voies de résorption, ou les risques d'aggravation, des déséquilibres de l'économie. La construction de tels scénarios repose, de façon cruciale, sur le diagnostic que l'on peut porter sur la situation présente.

Ainsi, l'exercice de moyen terme réalisé au cours du printemps 1997, et qui repose sur les budgets économiques d'hiver, fait ressortir un écart important entre le niveau du PIB et celui résultant de son évolution tendancielle, qui serait de l'ordre de – 3 % en 1998. La résorption de cet écart d'activité (« output gap ») nécessite une croissance très soutenue pendant plusieurs années. L'exercice de moyen terme, présenté ici, illustre les modalités d'une telle croissance en cherchant à expliciter tant ses sources que son intensité.

Assurément, un environnement international supposé modérément porteur, et une évolution des finances publiques plutôt restrictive, ne peuvent impulser à moyen terme une croissance dynamique. Aussi celle-ci est à rechercher dans l'évolution des comportements de demande privée, dont les perspectives en projection dépendent de la lecture qui peut être faite de la période récente. À cet égard, les comportements des agents privés, de consommation et d'investissement, semblent avoir subi des modifications substantielles depuis le début des années quatre-vingt-dix, qui conduisent à un constat d'insuffisance de demande privée à l'origine de l'écart de PIB actuel. L'exploration du moyen terme va donc dépendre de l'origine de ces altérations.

Selon une première interprétation, la faible croissance actuelle résulterait de modifications structurelles sur le comportement des ménages et des entreprises, intervenues au début des années 90. Cette approche conduit à pérenniser les déséquilibres actuels sur les marchés du travail et des biens. En conséquence, il en découlerait sur la période de moyen terme une décélération des prix qui, quoiqu'importante, serait insuffisante pour rééquilibrer les marchés à un horizon de cinq ans. Il en résulterait aussi une aggravation du chômage, une amélioration continue de la situation financière des entreprises et une accentuation des excédents extérieurs de la France, sans précédent sur le passé.

Une seconde interprétation est, au contraire, de juger atypique l'insuffisance de la demande sur la période récente. Ainsi, le retard accumulé depuis le début des années 90 en matière d'investissement et de consommation, par rapport à l'évolution de leurs déterminants traditionnels, autoriserait une évolution plus dynamique de la demande des agents privés. Ce retour à la « normale » du comportement des agents privés engendrerait alors une croissance, approchant les 3 %, suffisante pour ramener l'activité au voisinage de son niveau potentiel à l'horizon de la projection. Néanmoins, malgré des créations d'emplois fortes (environ 210 000 par an en moyenne), et en dépit d'une hypothèse favorable d'absence de flexions de taux d'activité, les évolutions démographiques viendraient limiter la baisse du chômage. Le taux de chômage baisserait ainsi d'environ 1,5 point sur la période considérée, soit autant qu'au cours de la phase haute du cycle précédent. De ce fait, et en dépit de taux d'utilisation des capacités qui devraient atteindre des niveaux historiquement élevés, les tensions inflationnistes resteraient modérées.

Par nature, un exercice de moyen terme est entouré d'incertitudes qui pourraient conduire à l'élaboration de nombreux scénarios. Ceux présentés ici mettent avant tout l'accent sur des voies possibles de résorption de déséquilibres d'origine interne à l'économie française. Par ailleurs, ils reposent sur des hypothèses conventionnelles tant en matière d'environnement international que de politique économique nationale. Aussi, compte tenu de leur date d'élaboration, ils n'intègrent pas les nouvelles orientations de la politique économique depuis le printemps dernier (notamment concernant la réduction de la durée du travail) ni a fortiori les incertitudes nées des développements récents de la crise asiatique. De plus, à l'incertitude traditionnelle concernant le niveau futur du dollar, se rajoute celle concernant la conduite de la politique monétaire européenne.

Des marges de croissance à moyen terme

Un déficit d'activité important...

En préalable à l'élaboration d'un scénario de moyen terme, il convient d'évaluer le positionnement de l'économie française dans le cycle, par référence à son potentiel d'activité. En effet, la détermination de l'écart entre le PIB potentiel et le PIB observé donne une information sur l'existence d'éventuelles pressions inflationnistes, ou au contraire de risques déflationnistes, et fournit aussi, sous réserve que les cycles présentent une certaine régularité, une indication sur l'évolution la plus probable de l'économie.

L'estimation du potentiel de croissance à long terme est fondée sur une représentation formelle du processus de production. Dans un tel cadre, sur un sentier de croissance équilibrée, la croissance potentielle s'obtient comme la somme de l'efficience du travail (mesurée par la croissance de la productivité globale des facteurs (PGF) divisée par la part des salaires dans la valeur ajoutée) et de celle de l'emploi potentiel. On constate que la croissance de la PGF a été relativement stable sur les vingt dernières années, autour de 1,3 %. Un certain ralentissement semble cependant l'avoir marqué sur les années récentes, qui est nettement estompé lorsqu'on prend en compte l'influence de court terme du cycle d'activité. Aussi, en l'absence de confirmation de ce ralentissement, a-t-on choisi de retenir en projection la tendance moyenne estimée sur les vingt dernières années. Quant à la croissance de l'emploi potentiel, sur un sentier de croissance équilibrée, elle est égale à celle de la population active tendancielle, estimée à environ 0,6 % sur le moyen terme. *Au total, la croissance potentielle du PIB peut donc être estimée à 2,4 % par an.*

Il faut en outre comparer le *niveau* de production aujourd'hui à son niveau potentiel, supposé résulter d'une combinaison stable de facteurs, utilisés dans des conditions « normales ». Outre les difficultés inhérentes à l'estimation de la fonction de production d'une économie, une grande incertitude entoure le niveau « normal » d'utilisation des facteurs de production.

S'agissant du capital, on retient en général le volume courant (sur lequel des aléas de mesure existent), corrigé de son taux d'utilisation. Pour le facteur travail, il est nécessaire de définir un taux de chômage de référence, correspondant à une utilisation « normale » de ce facteur. Sa détermination est fortement tributaire de la représentation du marché du travail adoptée. Celle qui prévaut généralement, dite de Phillips, conduit à mettre en évidence un taux de chômage n'accélérant ni les prix, ni les salaires (NAIRU). Elle a donné lieu toutefois à de nombreuses critiques, au profit de modèles plus riches et mieux fondés microéconomiquement, dans lesquels le taux de chômage d'équilibre résulte d'une confrontation entre les comportements de demande de travail des entreprises et les mécanismes de formation des salaires. Aussi les incertitudes d'estimation tant du taux de chômage de référence que de la fonction de production et du capital, rendent difficile l'utilisation du concept de niveau d'offre potentielle.

Les difficultés propres à une description structurelle conduisent à se tourner vers des méthodes statistiques et à approcher l'activité potentielle par l'activité tendancielle. L'écart de PIB est alors estimé comme l'écart relatif entre le PIB observé et le PIB tendanciel. Cette approche présente également des limites, dues par exemple à l'absence de fondements économiques, mais surtout du fait que les différentes techniques statistiques fournissent des estimations de l'écart de PIB très variables. Un consensus semble toutefois se dégager sur le fait que l'économie française connaîtrait actuellement un déficit d'activité. Calculé comme l'écart relatif entre le PIB observé et le PIB tendanciel, obtenu par l'ajustement du logarithme du PIB sur une tendance linéaire avec une rupture en 1974, il atteindrait – 3,3/4 % en 1997 (cf. graphique 3, page 73).

Le résorber nécessiterait plusieurs années de croissance soutenue. La réalisation d'un exercice de moyen terme permet d'illustrer les conditions d'une telle croissance, les marges de réduction du chômage et les risques inflationnistes qui lui seraient associés à l'horizon 2002.

... qui provient de la faiblesse de la demande intérieure

Le déficit d'activité estimé semble pouvoir être imputé à une insuffisance de demande privée que l'on peut mettre en évidence à l'aide des équations économétriques du modèle AMADEUS de l'INSEE (« Annuel MAcro-économique à DEUx Secteurs »), qui décrivent des comportements moyens observés et estimés pour la plupart entre 1972 et 1992.

Entre 1990 et 1996, la consommation des ménages a augmenté de 1,3 % en moyenne annuelle, soit sensiblement moins que sur longue période (2,6 % de 1970 à 1996). Certes, la progression ralentie du pouvoir d'achat du revenu sur cette période devait normalement freiner la consommation, mais on aurait dû observer aussi une baisse du taux d'épargne. En effet, conformément aux enseignements de la théorie du revenu permanent, on observe d'habitude chez les ménages une tendance à amortir les fluctuations à la baisse du revenu par une réduction du taux d'épargne. De plus, la désinflation, même poursuivie à un rythme ralenti, en desserrant la contrainte de reconstitution du pouvoir d'achat des encaisses des ménages, aurait dû pousser leur taux d'épargne à la baisse. Or celui-ci s'est élevé de plus de deux points sur la période considérée. Au total, la consommation paraît donc « anormalement » faible, au regard de ces déterminants habituels (cf. graphique 1, page 71).

La dynamique de l'investissement semble également présenter la même « anomalie » depuis 1991. Le taux d'investissement des SQS-EI, en baisse depuis 1991, atteint un minimum historique en 1996, soit une évolution très en retrait de celle donnée par ses déterminants macro-économiques habituels. La spécification traditionnelle retenue dans le modèle AMADEUS, soit une logique « accélérateur-profit » censée prendre en compte l'existence d'une contrainte de débouchés et la possibilité d'une contrainte financière, aurait conduit à prévoir un investissement manufacturier supérieur de 13 % à ce qu'il a réellement été entre 1991 et 1996 (cf. graphique 2, page 71).

Le début des années quatre-vingt-dix se caractérise donc par des ruptures dans les comportements de demande. L'élaboration du compte de moyen terme dépend de manière cruciale de l'interprétation donnée à ces ruptures et des modalités de résorption envisageables des déséquilibres qui sont de ce fait apparus sur les différents marchés.

Aussi deux scénarios ont-ils été construits. Un premier, dit « tendanciel », dans lequel les modifications de comportements sont considérées comme acquises ; les déséquilibres qui en résultent sont alors supposés se résorber de manière spontanée et il est peu probable que le processus soit achevé dans un délai de cinq ans. Le second, « plus optimiste », repose sur des comportements de demande privée plus dynamiques, leurs modifications récentes étant considérées comme transitoires. De ce fait, la réduction des déséquilibres sur les différents marchés provenant d'une augmentation de la demande, serait plus rapide.

La croissance à moyen terme pourrait être soutenue par un dynamisme retrouvé des comportements privés

L'exercice de projection de moyen terme, réalisé au printemps 1997 par l'INSEE et la Direction de la Prévision a couvert les années 1997-2002 et s'est appuyé, pour les deux premières années, sur les prévisions réalisées par la Direction de la Prévision dans le cadre des budgets économiques d'hiver. Les deux scénarios présentés par la suite s'appuient sur les mêmes hypothèses d'environnement international et de finances publiques (cf. encadré, page 68).

Principales hypothèses d'environnement international et de finances publiques

Sur la période de moyen terme [1], à partir de 1999, l'environnement international resterait favorable à la croissance française : la demande mondiale croîtrait en moyenne de 6,5 % par an, contre 5,7 % de 1970 à 1995. Par ailleurs, le début de la période de moyen terme coïncidant avec l'entrée en phase III de l'UEM, les taux de change nominaux ont été gelés [2] entre les pays européens (Royaume-Uni et Danemark exclus). Pour les États-Unis, le Royaume-Uni et le Japon, une hypothèse, conventionnelle, de parité de pouvoir d'achat relative a été retenue. La résorption de l'écart de PIB en Europe s'accompagnerait d'un retour des taux réels de la BCE vers une certaine neutralité. Celle-ci, évaluée sur la base de l'exemple allemand, a conduit à retenir des taux réels courts à 3 % environ, soit 5 % pour les taux nominaux courts.

La projection repose également sur l'hypothèse de la poursuite de la réduction du besoin de financement des administrations publiques même après 1997, conformément au *pacte de stabilité et de croissance*. Les dépenses publiques connaîtraient notamment une croissance modérée, le besoin de financement des administrations publiques se réduisant d'environ un demi-point par an.

(1) Les analyses concernant l'environnement international et les dépenses publiques sont menées à la Direction de la Prévision.

(2) Les parités nominales ayant été conventionnellement fixées, le niveau des changes retenu sur l'ensemble de la période 1997-2002 est égal à la moyenne du mois de février 1997.

Un scénario « tendanciel »

Dans ce scénario, on considère que les ménages ont définitivement modifié sur la période récente leur taux d'épargne désiré et les firmes le niveau de leur capital désiré. Dans l'hypothèse où la transition vers ce nouveau régime de demande serait intégralement réalisée au début de la période de projection, les *taux de croissance* de la consommation et de l'investissement redeviendraient alors conformes à leurs déterminants passés, mais s'appliqueraient à des *niveaux* aujourd'hui constatés mais plus faibles que ceux attendus.

Ce scénario, en entérinant les désajustements de la demande intérieure privée depuis le début de la décennie quatre-vingt-dix, déboucherait sur une amplification des déséquilibres macro-économiques actuels. En effet, la simple extrapolation des comportements observés sur le passé ne conduirait alors qu'à une croissance modérée à moyen terme, de l'ordre de 2,2 % par an à partir de 1999. Ne dépassant pas le rythme potentiel, elle ne permettrait donc pas de combler l'écart de PIB de l'économie française. Parallèlement, le taux de chômage augmenterait d'un point environ sur le moyen terme. La décélération des prix s'accentuerait, avec une inflation très faible en fin de période (0,3 % en prix de PIB). L'excédent commercial doublerait en 5 ans, pour atteindre plus de 400 milliards de francs à l'horizon de la projection. Enfin, du côté des entreprises, les taux de marge et d'autofinancement croîtraient continûment.

Un tel scénario « tendanciel », même s'il n'apparaît pas tout à fait improbable, paraît difficilement tenable à moyen terme. Il montre que les forces de rappel présentes dans l'économie, au moins telles qu'elles sont retracées dans le modèle AMADEUS (gains de compétitivité, baisse du taux d'épargne sous l'effet d'un freinage continu de l'inflation), ne suffiraient pas à résorber spontanément les déséquilibres à l'horizon de 2002. *A contrario*, il prouve qu'une forte croissance à moyen terme, susceptible de combler le déficit d'activité important existant en 1997, nécessite une demande intérieure soutenue, tant du côté des ménages que des entreprises.

Un scénario plus « optimiste »

• **La consommation des ménages pourrait à nouveau contribuer de manière dynamique à la croissance du PIB.**

Plusieurs arguments incitent à penser que les ménages pourraient retrouver dans le moyen terme une consommation sensiblement plus soutenue que par le passé récent. La projection retient ainsi une baisse sensible du taux d'épargne des ménages de 13,4 % en 1998 à 11,8 en 2002, soit un niveau comparable à ceux de la fin des années quatre-vingt.

D'autres variables, s'ajoutant aux déterminants traditionnels que sont l'inflation et le pouvoir d'achat du revenu, pourraient expliquer l'inflexion du comportement de consommation depuis 1990, comme les niveaux élevés du chômage et des déficits publics. En effet, selon la théorie du cycle de vie, les ménages intègrent dans leur plan de consommation l'anticipation qu'ils ont de leurs revenus futurs. Dans cette optique, l'augmentation du taux de chômage dans le début des années quatre-vingt-dix, pourrait expliquer pour partie la relative faiblesse de la consommation sur la période par la constitution d'une épargne de précaution afin de s'auto-assurer contre le risque de diminution de leurs revenus.

Une autre analyse s'appuie sur un schéma d'équivalence ricardienne, selon lequel un niveau de dette publique élevé ou une aggravation des déficits publics peut conduire les ménages à anticiper des prélèvements futurs supplémentaires, et donc à constituer une épargne dès aujourd'hui. Ils réduisent alors d'autant leur consommation. L'accroissement rapide de la dette publique depuis le début des années quatre-vingt-dix, ainsi que la proximité de la phase III de l'UEM, qui réduit les échéances auxquelles les prélèvements supplémentaires peuvent être anticipés, renforceraient sur la période récente l'ampleur potentielle de tels mécanismes.

Ces deux éléments d'explication de l'infléchissement du comportement de consommation depuis le début de la décennie quatre-vingt-dix seraient susceptibles de jouer, en sens inverse, à la hausse sur l'horizon de prévision. En effet, toute amélioration du marché du travail et des déficits publics conduirait à un auto-entretien de la croissance : la baisse du taux d'épargne, et donc la hausse de la consommation, induite par une telle perspective contribuerait à la baisse du chômage et donc à l'amplification en retour de la hausse de la consommation.

Sur la période de projection, on a donc retenu une consommation plus dynamique, de 0,6 point par an, que celle que fourniraient ses déterminants usuels (pouvoir d'achat du revenu et inflation). Il faut noter que l'adjonction à l'équation traditionnelle, de déterminants tels que le chômage ou la dette publique contribuerait à augmenter la consommation sur la période de projection, dans des proportions cependant moins fortes que celles retenues dans le scénario. De ce fait, celui-ci peut être qualifié de relativement optimiste même si, comme le montre le graphique 1, page 71, le déficit de consommation enregistré au début des années quatre-vingt-dix ne serait pas totalement effacé à l'horizon de la fin de la projection.

• Des conditions favorables à un rattrapage du retard accumulé en matière d'investissement depuis le début des années quatre-vingt-dix semblent également réunies.

Depuis le début de la décennie, les déterminants traditionnels du comportement d'investissement (de type accélérateur-profit) auraient conduit à une évolution plus soutenue de l'investissement des entreprises, notamment industrielles. Le sous-investissement cumulé depuis 1992 atteindrait près de 20 % en 1997.

D'autres facteurs peuvent avoir affecté cette évolution comme l'accroissement de l'incertitude, qui semble avoir marqué les dernières années, et le niveau très élevé des taux d'intérêt réels. Or l'entrée en phase III de l'UEM, par la disparition de certains coûts de transaction, la fixation définitive des taux de change et la disparition des primes de risque sur les taux d'intérêt, va créer de conditions propres à diminuer l'incertitude et à accroître la rentabilité attendue de l'investissement.

1. Consommation marchande en niveau

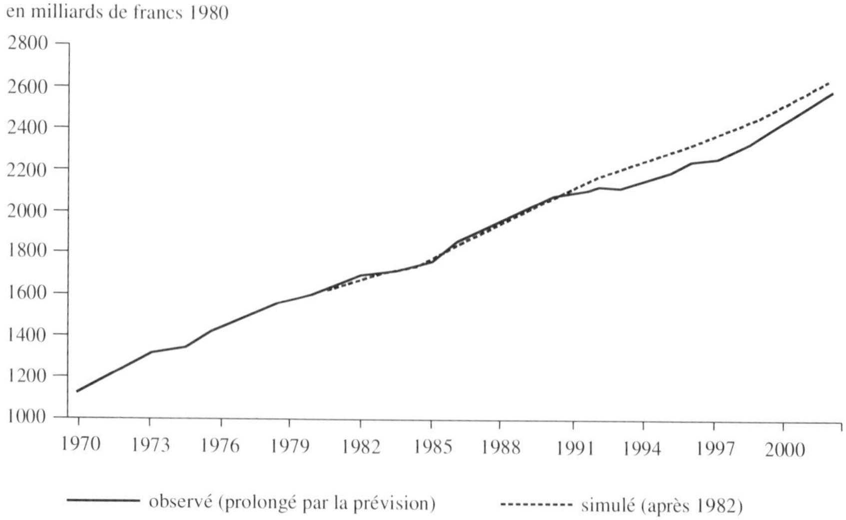

2. Investissement en niveau

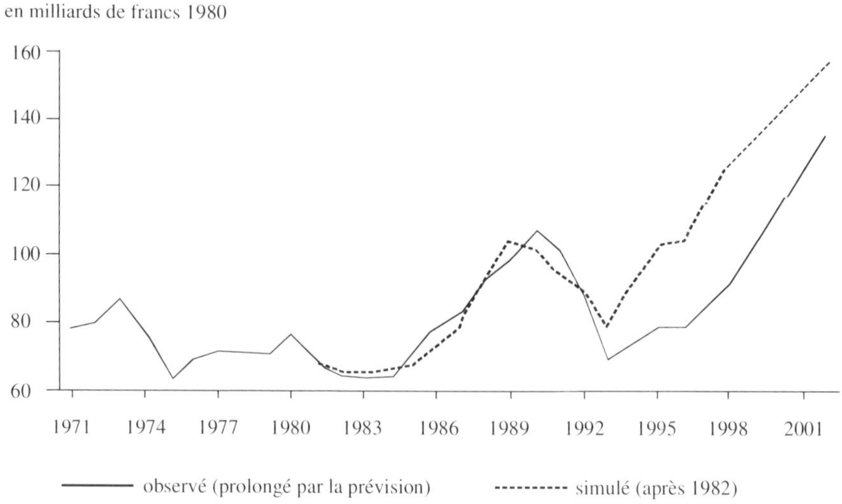

Note : La série en trait plein représente l'évolution observée, jusqu'en 1996, prolongée par la projection des budgets économiques sur les années 1997 à 1998 et la projection de moyen terme de 1999 à 2002. Le pointillé représente ce qu'aurait été l'évolution de la consommation ou de l'investissement du fait de ses déterminants traditionnels (pouvoir d'achat du revenu et inflation) tels qu'ils sont retracés par l'équation d'AMADEUS.

Par ailleurs, la bonne situation financière des entreprises devrait conduire à une baisse de leur taux d'endettement qui, conjuguée avec des taux d'intérêt à long terme en net repli par rapport au début des années quatre-vingt-dix, pourrait concourir à une reprise de l'investissement. L'introduction d'un ratio d'endettement dans une spécification traditionnelle, du type « accélérateur-profit », améliore sensiblement l'explication du comportement d'investissement sur les années récentes. L'investissement serait, selon cette interprétation, très fortement stimulé par le maintien de la capacité de financement des entreprises et donc de leur désendettement sur la période de moyen terme.

On a donc retenu l'hypothèse favorable d'une réduction progressive du sous-investissement : sur la période de moyen terme, la croissance de l'investissement dans le secteur manufacturier est supérieure de 6 points par an en moyenne à ce que la croissance de la demande et l'amélioration des profits auraient impliqué. À l'horizon de la projection, l'écart entre l'investissement prévu et celui qu'aurait prédit l'évolution de ses fondamentaux depuis 1991 n'est pas entièrement comblé.

• **Le solde extérieur de la France continuerait à croître en raison d'une demande mondiale encore vigoureuse, en dépit de la résorption des décalages conjoncturels.**

La convergence des économies en matière d'inflation et l'hypothèse d'une parité de pouvoir d'achat entre les taux de change des pays du noyau dur de l'euro, les États-Unis, le Japon et le Royaume-Uni, conduiraient à des mouvements de compétitivité-prix très atténués. Les flux commerciaux seraient donc surtout déterminés par les variations de demande : sur la période de moyen terme, la croissance des exportations et celle des importations seraient ainsi sensiblement identiques, malgré la résorption du décalage de conjoncture entre la France et ses principaux partenaires de l'OCDE. En effet, la croissance mondiale devrait être, sur la période de projection, structurellement plus soutenue que la croissance française, en raison du dynamisme des pays hors de l'OCDE. Des estimations effectuées en parallèle de l'exercice de projection montrent que ce facteur contribuerait à une amélioration de la balance commerciale de l'ordre d'un point de PIB entre 1996 et 2002, tandis que la résorption du décalage de conjoncture entre la France et l'étranger n'induirait qu'une baisse de celle-ci d'un demi-point de PIB sur la période. Les importations et les exportations françaises croissant à des rythmes voisins, la contribution des échanges extérieurs à la croissance serait pratiquement nulle.

1. Évolution des principales composantes du PIB (en %)

	1999	2000	2001	2002
PIB	3	2,9	2,8	2,8
Commerce extérieur				
Importations	5,4	5,4	5,3	5,0
Exportations	5,7	5,3	5,0	4,7
Demande finale intérieure	3,7	3,6	3,6	3,5
Consommation des ménages	2,8	2,9	3,0	3,0
Investissement des SQS-EI	7,2	7,2	6,8	6,3
Variations de stocks (Contributions à la croissance du PIB)	0,1	0,1	0,0	0,0

La croissance française serait ainsi relativement soutenue sur la période de moyen terme, sensiblement supérieure au rythme de croissance tendancielle permettant une résorption progressive, mais non totale de l'écart de PIB français (– 0,8 % en 2002).

3. Écart du PIB au PIB tendanciel de 1974 à 2002

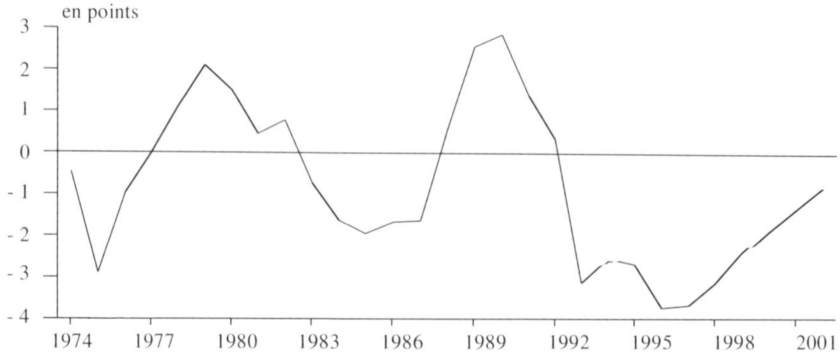

• **Le taux de chômage pourrait baisser d'environ 1,5 point de 1999 à 2002, comme au cours de la phase haute du cycle précédent qui avait cependant enregistré des rythmes de croissance plus élevés.**

La croissance tendancielle de la productivité du travail pourrait s'être infléchie à la baisse sur les années récentes.

Les évolutions récentes de l'emploi et de la productivité apparente du travail depuis la fin 1993 font apparaître un enrichissement de la croissance en emplois, essentiellement dans le secteur non manufacturier (cf. graphique 4, page 74). La progression importante du travail à temps partiel, l'impact des politiques de l'emploi ne semblent expliquer que partiellement le ralentissement de la productivité apparente du travail. L'hypothèse d'une rupture durable du rythme tendanciel d'évolution de la productivité apparente du travail est donc envisageable.

4. Emploi dans les branches non manufacturières

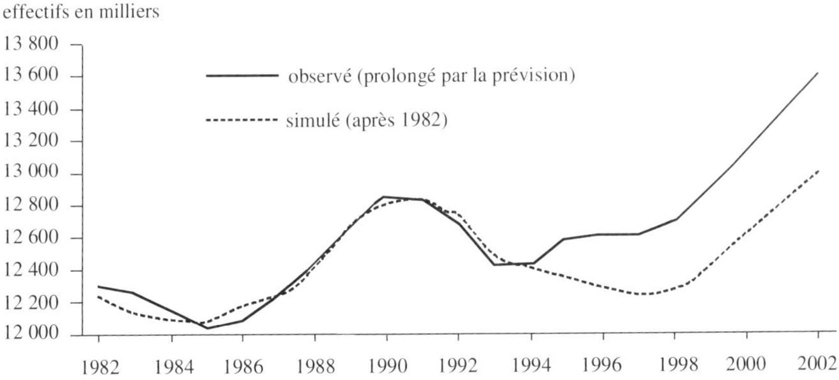

De plus, les mesures d'aide à l'emploi prises en 1994 et 1995 pourraient ne produire leur plein effet qu'avec retard. On a donc prolongé l'enrichissement de la croissance en emplois dans le secteur marchand non manufacturier (un quart de point de croissance annuelle de l'emploi marchand non manufacturier de 1999 à 2002, soit un surcroît de l'ordre de 32 000 postes par an). La productivité apparente du travail dans le secteur non manufacturier non agricole croîtrait donc de 1,5 % par an en moyenne de 2000 à 2002 (après 2 % en 1999 en raison d'un effet *cycle de productivité*) alors que son rythme annuel moyen a été de 1,8 % de 1974 à 1992.

Sous ces hypothèses, l'emploi manufacturier stagnerait sur la période de moyen terme, tandis que l'emploi non manufacturier augmenterait en moyenne de 226 000 emplois par an. Par ailleurs, l'emploi des secteurs non marchands diminuerait légèrement (– 14 000 emplois par an). Au total, la croissance moyenne de l'emploi serait dans la projection de 0,9 % par an.

Une progression soutenue de la population active limiterait la baisse du chômage.

En moyenne, l'offre de travail s'accroîtrait de 150 000 personnes par an sur le moyen terme, ce qui correspond à un rythme de croissance moyen annuel de 0,6 %. Cette évolution résulte principalement de celle de la population en âge de travailler qui serait marquée par un accroissement substantiel à partir de 2000 (soit 200 000 personnes par an en moyenne de 1999 à 2002, contre 140 000 entre 1992 et 1998) en raison du départ à la retraite des classes creuses de la Seconde Guerre mondiale. Par ailleurs, au cours de la période récente, et notamment lors de la reprise de 1988-1990, les effets de flexion de taux d'activité ne semblent pas avoir joué avec autant d'ampleur que par le passé. Aussi a-t-on introduit des effets de flexion modérés sur le moyen terme, ce qui constitue une hypothèse favorable à la réduction du chômage à cet horizon.

Au total, le nombre de chômeurs se réduirait continûment au cours du moyen terme, de 260 000 environ ; le taux de chômage diminuerait de 1,3 point. Cette réduction du chômage apparaît du même ordre de grandeur que celle observée durant la dernière phase montante du cycle (1988-1990), même si la reprise de l'activité était alors plus soutenue.

• **Malgré une élévation des taux d'utilisation des capacités de production, le risque de tensions inflationnistes paraît relativement limité.**

La remontée prévisible des taux d'utilisation des capacités de production pourrait a priori *constituer un risque important de pressions inflationnistes.*

Le niveau élevé des taux d'utilisation représente le risque le plus important de pressions inflationnistes dans ce scénario. Ceux-ci dépasseraient en effet au cours de la projection le maximum historique de 1989. Une telle évolution découle de la faiblesse de l'investissement depuis le début des années quatre-vingt-dix, ainsi que de l'inertie du stock de capital. Il faut également souligner que le taux d'utilisation apparaît élevé dans la phase actuelle du cycle.

L'évolution des taux d'utilisation dépend étroitement de l'évolution de la productivité du capital, et du partage de la croissance entre les secteurs manufacturier et non manufacturier. L'hypothèse retenue d'une productivité potentielle du capital constante apparaît moyenne. En effet, la reprise de l'investissement introduite dans le compte à partir de 1998 devrait *a priori* s'accompagner d'un rajeunissement du stock de capital et donc d'une remontée de sa productivité potentielle. Une telle hypothèse apparaît cependant contradictoire avec la remontée apparente de la productivité potentielle du capital depuis 1994, par ailleurs peu compatible avec le sous-investissement constaté sur la période.

On a supposé, en outre, que la tendance à l'externalisation de la production industrielle, constatée depuis 1994, se poursuivait, se traduisant par une croissance de la valeur ajoutée moins favorable au secteur manufacturier (*).

Le risque de tensions inflationnistes paraît cependant limité.

En premier lieu, il semblerait que le fort niveau des taux d'utilisation soit spécifique à la France, contrairement aux années 1988-1989. Ainsi, la résorption des écarts de PIB conduirait à des tensions sur les capacités de production moins fortes chez les principaux partenaires de la France. Ils ne devraient donc pas connaître de pressions inflationnistes sur leur marché, ce qui limiterait les risques d'inflation importée. On peut rappeler que lors de la reprise de 1988-1990, les prix des importations ont connu une forte remontée de 1987 à 1989 (de 3,2 % en 1987 à 5 % en taux de croissance en 1989).

(*) La prise en compte de l'hypothèse alternative d'une invariance de la répartition entre les deux secteurs se traduirait par une hausse du taux d'utilisation d'un point environ.

En outre, par rapport à la reprise de la fin des années quatre-vingt, le risque de pressions salariales accrues paraît moins important. En effet, le niveau du chômage est beaucoup plus haut actuellement et a plutôt tendance à exercer une pression à la baisse sur les salaires, expliquant en partie leur atonie à moyen terme. En outre, les hausses de salaires constatées entre 1988 et 1990 étaient causées principalement par des tensions sur le segment du marché de la main-d'œuvre qualifiée. Le taux de chômage de cette catégorie ayant augmenté depuis lors, la reprise attendue ne devrait pas rencontrer la même pénurie de main-d'œuvre qualifiée et pourrait donc s'effectuer sans accélération des salaires.

Au total, avec une croissance modérée des salaires, et une légère amélioration des termes de l'échange, l'inflation resterait spontanément faible : exprimée en termes de prix de PIB, elle avoisinerait 1,3 % en moyenne par an. Le salaire réel croîtrait au rythme de 0,8 % par an (0,6 % seulement dans le secteur privé).

Incertitudes

Les incertitudes, qui entourent la projection, sont par nature nombreuses et découlent de celles concernant soit traditionnellement l'environnement international ou la politique économique soit plus spécifiquement les comportements des agents économiques.

Sur ce dernier point, la reprise vigoureuse de l'investissement introduite dans la projection constitue vraisemblablement l'aléa le plus important. En effet, réaliser une croissance moyenne d'environ 3 % par an d'ici l'année 2002 suppose une adaptation forte et rapide des capacités de production pour que celles-ci ne viennent pas limiter le potentiel de croissance. Si les causes du sous-investissement apparent depuis le début de la décennie restent pour une large part indéterminées, l'environnement macro-économique resterait très favorable à l'investissement tant du point de vue de la situation financière des entreprises que de l'évolution des taux d'intérêt à long terme.

Grâce à des gains de productivité légèrement supérieurs à l'augmentation du pouvoir d'achat des salaires, le taux de marge des entreprises augmenterait modérément pendant la période de moyen terme. Le taux d'autofinancement décroîtrait progressivement de 1999 à 2002 mais resterait largement supérieur à 100 %. Compte tenu du caractère inédit de cette situation, il est cependant difficile de prévoir quelle utilisation les entreprises feront de ces capacités de financement et, en particulier, si elles les utiliseront effectivement pour investir.

S'agissant des incertitudes liées à la politique économique, il faut noter que les scénarios présentés ici n'intègrent pas la mise en œuvre de la réduction du temps de travail décidée par le gouvernement.

Enfin, concernant l'environnement international, les sources d'incertitude portent d'une part sur le traitement de la future politique monétaire européenne, retenu dans les scénarios, d'autre part sur les effets nouveaux de la crise du Sud-Est asiatique.

En premier lieu, on a supposé que la résorption progressive des déficits de croissance serait accompagnée par une certaine neutralité de la politique monétaire européenne. La BCE héritant du potentiel de crédibilité de la Bundesbank, cette neutralité se caractériserait par un taux réel européen à court terme égal à la moyenne du taux réel allemand sur 30 ans, soit un taux nominal court d'environ 500 points.

Cependant, si la BCE décidait de mener une politique plus restrictive, soit pour asseoir sa crédibilité en tant qu'organisme nouveau, soit parce qu'elle attacherait une grande importance à l'état des tensions sur les capacités de production, comme la Bundesbank par le passé, la croissance pourrait être transitoirement plus faible en Europe.

À titre d'illustration, on peut estimer, en se basant sur les évaluations obtenues à l'aide du modèle international Nigem, qu'une hausse d'un point de taux d'intérêt se traduirait par une perte d'activité, qui serait maximale au bout de 3 ans, de 1,5 % pour la France et par un effet déflationniste durable sur les prix (– 5 points au bout de 10 ans). Le modèle utilisé étant néanmoins très réactif aux variations de taux d'intérêt, les résultats obtenus constituent sans doute une estimation haute des effets à attendre.

En second lieu, la formation des taux de change obéit dans la projection de moyen terme à une règle de parité de pouvoir d'achat relative. En raison d'une convergence en matière d'inflation entre les États-Unis et les pays européens, on avait retenu alors un taux de change dollar/franc aux alentours de 5,4. L'appréciation du dollar qui s'est produite au 1er semestre 1997, montre que l'hypothèse de plus larges fluctuations de la monnaie américaine ne peut pas être écartée. Elles auraient des répercussions tant sur la croissance française que sur la croissance étrangère.

D'après une évaluation menée à l'aide des modèles Amadeus et Nigem, une appréciation de 10 % du dollar vis-à-vis de toutes les autres monnaies, aurait un effet maximal dès la 2e année avec un gain d'activité de l'ordre de 0,6 %, puis décroîtrait graduellement. Elle se traduirait également par un effet inflationniste persistant (3,6 % au bout de 12 ans) et une amélioration de la situation sur le marché du travail avec des gains d'emplois de 30 000 au bout de deux ans. L'effet sur l'emploi serait néanmoins nul après une dizaine d'années.

Enfin, l'environnement international est construit sous l'hypothèse conventionnelle d'absence de chocs exogènes empêchant le retour des économies vers un sentier de croissance potentielle. Cette hypothèse est fondée par l'impossibilité de prévoir non seulement l'occurrence mais aussi l'amplitude de tels chocs.

La crise financière en cours en Asie du Sud-Est, et dans une moindre mesure le choc qu'ont connu récemment les principales places boursières, sont encore difficiles à analyser. Cependant, ils affecteront vraisemblablement la croissance en France comme à l'étranger. Une évaluation, réalisée à l'aide du modèle Nigem, montre que les réajustements macro-économiques du Sud-Est asiatique pourraient induire des effets significatifs sur le commerce extérieur français, engendrant à eux seuls une perte d'activité de 0,5 % compte tenu de l'état actuel de l'ajustement en cours dans ces pays.

2. Principaux éléments du scénario retenu

	Moyenne 1998-2002
Volumes (évolution en %)	
PIB	2,9
Partie marchande du PIB	3,3
Importations	5,1
Exportations	5,3
Consommation des ménages	2,7
FBCF des SQS-EI	6,6
FBCF des Administrations	0,9
Variations de stocks (contribution à la croissance)	0,1
Prix (évolution en %)	
PIB	1,3
Partie marchande du PIB	1,2
Consommation totale	1,3
Compte des entreprises (variation, en points entre 1997 et 2002)	
Taux de marge	1,3
Taux d'autofinancement	– 3,2
Compte des ménages en pouvoir d'achat	
Revenu disponible brut (évolution, en %)	2,4
Salaire brut moyen (évolution, en %)	0,8
Taux d'epargne (réduction totale entre 1997 et 2002, en points)	– 1,3
Emploi total (évolution moyenne par an, en %)	0,8
Emploi salarié ENFNA (évolution moyenne par an, en %)	1,8
Taux de chômage (variation totale sur le moyen terme)	– 1,3

Annexe B

Croissance potentielle – Écart de PIB : quelques éléments d'évaluation

Direction de la Prévision

L'évaluation du niveau « normal » qu'atteindrait l'activité, en l'absence de fluctuations cycliques, et celle de son taux de croissance à long terme constituent des enjeux importants de politique économique. Avant de porter un jugement sur les perspectives d'inflation ou sur la situation structurelle des finances publiques, il est par exemple nécessaire de bien apprécier la position de l'économie dans le cycle. Des indicateurs quantifiés d'écart de production (« output gap ») – retraçant l'écart entre le niveau effectif du PIB et son niveau « normal » – peuvent contribuer à éclairer ces analyses.

Traditionnellement, deux voies distinctes peuvent être empruntées pour définir le concept de niveau normal d'activité : une approche statistique, qui consiste à extraire *a posteriori* la tendance, d'une série de PIB ; une approche économique, qui tente de déterminer le niveau maximal d'activité compatible avec la stabilité du taux d'inflation. Cette seconde, qualifiée d'approche par le potentiel, est plus riche que la démarche purement statistique, mais elle présente en contrepartie l'inconvénient de dépendre fortement de la représentation théorique retenue pour modéliser l'économie.

Les analyses de la Direction de la Prévision s'appuient sur une palette d'évaluations correspondant à ces différentes approches. La croissance « tendancielle » de l'économie française, mesurée sur la période 1974-1992 (soit deux dates de conjoncture moyenne) serait de 2,3 % par an. La croissance « potentielle » serait de 2,2 % ou 2,4 % par an, selon qu'on la calcule dans une optique de moyen ou de long terme.

Après plusieurs années de faible croissance, c'est-à-dire de croissance inférieure à son rythme tendanciel ou potentiel, l'économie française souffre donc aujourd'hui d'un déficit d'activité important. Selon les estimations de la Direction de la Prévision, cet écart de production s'élèverait à 3,8 % environ en 1996. En conséquence, l'économie française pourrait soutenir pendant plusieurs années une croissance forte, supérieure au rythme « potentiel », sans pour autant générer de tensions inflationnistes. C'est ce qu'illustre la projection de moyen terme réalisée par l'INSEE et la DP au printemps dernier présentée dans l'annexe A.

Croissance tendancielle et croissance potentielle

Les indicateurs de croissance tendancielle : une « neutralité » qui n'est qu'apparente

L'approche statistique, consistant à calculer une croissance tendancielle par des méthodes statistiques qui n'utilisent que l'information contenue dans la série de PIB, ne comporte aucune référence à un modèle économique particulier. Cette approche peut donc sembler attrayante dans la mesure où elle paraît neutre, au sens où elle n'introduirait pas de présupposés théoriques. Cette neutralité ne doit cependant pas faire illusion : il existe en effet une infinité de décompositions tendance-cycle d'une série. Le choix de l'une d'entre elles, outre qu'il conditionne les résultats obtenus, nécessite de faire des hypothèses spécifiques.

La croissance potentielle : un concept utile mais délicat à mettre en œuvre

La croissance potentielle peut être définie de façon générale comme la croissance qui résulterait du seul jeu des facteurs d'offre (accroissement des facteurs de production disponibles, progrès technique), le taux d'utilisation des facteurs, restant par ailleurs « normal ». Ce taux d'utilisation normal, qui empêche toute accélération de l'inflation, n'est pas nécessairement stable au cours du temps, comme en témoignent les estimations du chômage d'équilibre sur longue période. En toute rigueur, une évaluation de la croissance potentielle devrait donc prendre en compte l'évolution du taux de chômage d'équilibre [(1)].

L'estimation d'un taux de chômage d'équilibre constitue cependant un exercice difficile, dont les conclusions restent fragiles. En effet, si les approches en termes de chômage d'équilibre sont riches d'un point de vue théorique, elles donnent des résultats qui dépendent très fortement du modèle retenu et qui se fondent sur une sélection, nécessairement arbitraire, des variables structurelles susceptibles d'affecter le taux de chômage.

En raison de leur richesse, ces approches apparaissent bien adaptées à l'analyse rétrospective. Elles permettent notamment de mieux cerner les facteurs qui ont pu conduire à l'élévation du taux de chômage sur longue période.

(1) On entend par taux de chômage d'équilibre le taux de chômage qui est compatible avec une inflation stable.

Elles sont en revanche plus délicates à mettre en œuvre en projection, en l'absence d'un consensus établi sur les déterminants du taux de chômage d'équilibre.

Face à cette difficulté, l'hypothèse – conservatoire – retenue dans les exercices de projection à moyen terme menés par la Direction de la Prévision et l'INSEE est celle de stabilisation du taux de chômage d'équilibre.

La croissance potentielle n'est pas la même à moyen terme et à long terme

Selon les enseignements de la théorie économique, la croissance potentielle d'une économie ne dépend à long terme que de l'évolution de sa ressource la plus rare : la force de travail (2). Dans cette perspective, le capital n'est qu'un facteur endogène, qui croît spontanément au même rythme que la force de travail, de manière à maintenir constante la quantité de capital par unité produite. À long terme, une « insuffisance » de capital tendra à déprimer le niveau de la production potentielle, mais une fois ce choc passé, elle n'affectera pas en revanche la croissance potentielle proprement dite. Dans un tel contexte, on peut donc négliger, en première analyse, le problème de l'accumulation du capital dans les estimations de croissance potentielle, celle-ci ne dépendant que des facteurs exogènes que sont la croissance de la population active (+ 0.6 %) et les progrès de l'efficacité du travail (+ 1,8 %). Dans cette optique de long terme, la croissance potentielle s'élèverait donc à 2,4 % par an sur la période 1998-2002.

À moyen terme, cette dichotomie entre effets jouant sur le niveau de l'activité et sur son taux de croissance n'est sans doute pas très pertinente. Le stock de capital ne se modifie en effet que lentement car les coûts d'ajustement et les risques d'irréversibilité associés à l'investissement sont élevés. Si, en outre, la période étudiée a été caractérisée par des chocs de taux d'intérêt et de coût du capital de grande ampleur, il est nécessaire de prendre en compte la période de transition durant laquelle l'accumulation du capital s'écarte du rythme de progression de la force de travail. Il faut alors construire un concept de croissance potentielle de moyen terme qui tienne compte de la croissance effective du stock de capital conjointement au progrès technique et à la progression de la population active (3).

---

(2) L'augmentation de cette force de travail doit être entendue au sens large ; elle englobe tout à la fois la progression de la population active et les progrès de l'efficacité du travail.

(3) Enfin le rythme d'accumulation du capital n'est pas le seul facteur qui peut conduire à une production potentielle à court et moyen terme qui diffère de la production potentielle de long terme. C'est également le cas lorsque le chômage d'équilibre est lui même fonction du chômage accumulé (effet d'hystérèse).

La méthode retenue pour évaluer, en projection, la croissance potentielle de moyen terme repose sur le chiffrage de ses trois composantes :

– les gains tendanciels de productivité globale des facteurs, mesurés par la méthode des comptes de surplus, et corrigés des fluctuations cycliques (i. e. du taux d'utilisation des capacités). Cette tendance, estimée sur la période 1974-1996, est de 1,1 % par an, et ne semble pas affectée de rupture ;

– la croissance d'un emploi potentiel, mesuré comme l'emploi qui serait observé si le taux de chômage d'équilibre était stabilisé ;

– la croissance effective du stock de capital.

Au total, la croissance potentielle de moyen terme se situerait aux alentours de 2,2 % par an sur la période 1998-2002. Elle est donc légèrement inférieure à la croissance potentielle de long terme évaluée à 2,4 %.

Ces estimations ne résument pas à elles seules les perspectives de croissance de l'économie française à l'horizon des 4 ou 5 prochaines années. En effet, la croissance que peut soutenir l'économie française sans accélération de l'inflation résulte à la fois du potentiel de croissance (cf. supra) et du rythme de rattrapage de l'important déficit d'activité qui était enregistré en 1997 (4 points de PIB environ). Sur cette base, l'INSEE et la DP estiment ainsi que la croissance française pourrait atteindre 3 % l'an en moyenne à l'horizon 2002 sans tensions inflationnistes.

Même s'ils sont raisonnables, les résultats obtenus doivent être interprétés avec précaution. Ainsi, les évaluations de déficit d'activité reflètent l'ampleur du « terrain perdu » au cours de la récession des années quatre-vingt-dix, sans garantir pour autant qu'il sera totalement reconquis. Deux facteurs de risque sont à prendre en compte : des phénomènes d'irréversibilité associés au développement du chômage de longue durée peuvent contrarier le redémarrage de l'emploi ; l'accumulation du capital peut se révéler trop timide ou trop tardive.

Comparaison avec d'autres évaluations (FMI, OCDE)

Le tableau suivant compare les estimations de croissance potentielle et/ou tendancielle de la Direction de la Prévision, de l'OCDE et du FMI. Il met en évidence une assez grande diversité des résultats obtenus. Ces divergences reflètent la sensibilité des estimations au concept de référence utilisé, ainsi qu'aux différentes méthodes d'estimation.

De ce fait, il n'est pas facile de se forger une opinion raisonnée sur le « bon » niveau de l'écart de PIB (écart de production), dont l'évaluation constitue la principale application des calculs de croissance potentielle/tendancielle. Défini comme l'écart entre le PIB et son niveau normal, « l'écart de PIB » évolue en effet en fonction de l'écart entre croissance effective et croissance potentielle/tendancielle (son niveau est fixé par rapport à une année de conjoncture moyenne, où il est supposé nul).

Ce concept a le mérite de fournir une mesure synthétique et simple de la position de l'économie dans le cycle. Les divergences constatées pour l'estimation de la croissance potentielle se répercutent, de façon amplifiée, sur les calculs d'écart de PIB. Au total, le message, en termes de position de l'économie dans le cycle, délivré par les différentes estimations présentées conduisent certes toutes à diagnostiquer un déficit de demande, mais l'ampleur de ce déficit est controversée.

	OCDE	FMI	DP
Croissance effective (1991-1996)	1,2	1,2	1,2
Croissance potentielle (1991-1996)	1,9	2,2	2,2/2,4
Croissance tendancielle (1974-1992)			2,3
Écart de PIB(1996)	– 2,0	– 3,3	– 3,8 /– 4,6

1. PIB

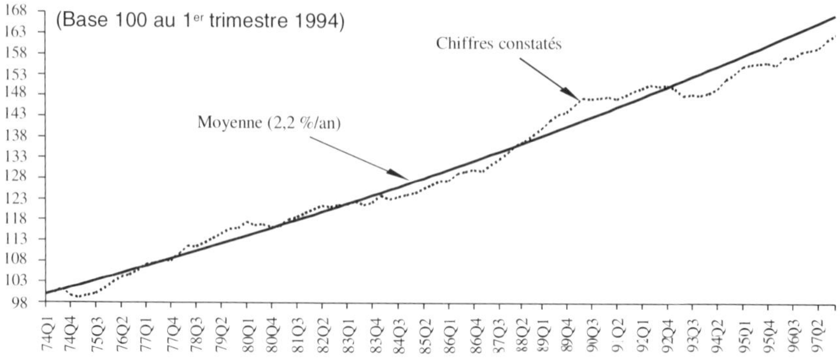

2. PIB

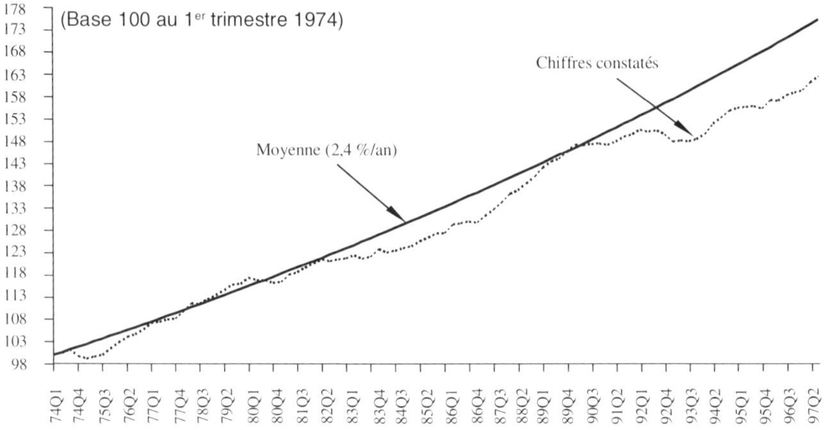

Annexe C

Les effets sur l'emploi de la réduction du temps de travail (*)

Gérard Cornilleau, Éric Heyer et Xavier Timbeau

Observatoire Français des Conjonctures Économiques

Avec le projet de loi sur les 35 heures, le gouvernement a fait du partage du travail l'un des axes principaux de sa politique de lutte contre le chômage. Pourtant, le partage du travail ne fait pas partie des politiques dont la mise en œuvre s'impose d'évidence. Pour la plupart des Français, la réduction du temps de travail ne se conçoit aujourd'hui que pour faire diminuer le chômage et les 35 heures, en 1998, visent moins l'amélioration du bien-être des salariés, qu'un « arrangement » entre salariés et chômeurs, dont l'objectif est clairement de réduire le niveau du sous-emploi. C'est donc bien de ce point de vue de l'emploi qu'il faut juger de la pertinence de la politique engagée.

L'évaluation des conséquences macro-économiques des 35 heures implique l'explicitation d'hypothèses précises sur le champ d'application de la réduction du temps de travail, les conditions de la compensation salariale, les effets de la réorganisation des processus de production et la contribution des pouvoirs publics au financement. Or, il est très difficile d'induire des données historiques la réaction des salariés et des entreprises à un choc réglementaire du type « passage aux 35 heures », car les occurrences d'une telle situation sont trop rares pour constituer un échantillon représentatif. L'analyse théorique ne fournit pas plus d'indication car elle repose sur la formalisation de comportements virtuels, stipulés *a priori*, dont rien ne garantit qu'ils correspondent aux réactions des acteurs du monde réel.

(*) Ce texte est une présentation résumée de l'évaluation publiée dans *La Lettre de l'OFCE*, n° 171 du 21 janvier 1998.

Plus que pour toute autre analyse de nature macro-économique, les résultats des études sur la réduction du temps de travail, ne peuvent pas être assimilés à des prédictions.

L'incertitude fondamentale sur les hypothèses conduit à centrer l'analyse sur les conditions qui peuvent conduire à l'échec ou au succès des 35 heures. Les probabilités de réalisation des jeux d'hypothèses les plus favorables ou défavorables sont, dans l'état de nos connaissances des comportements collectifs, non quantifiables. La politique de réduction du temps de travail peut conduire à une forte réduction du chômage mais aussi à la dégradation des équilibres macro-économiques. Le raisonnement macro-économique, mais aussi les nombreux exemples micro-économiques disponibles depuis la mise en œuvre de la loi Robien, prouvent que la réduction du temps de travail peut être un levier efficace dans la lutte contre le chômage, à condition de le manœuvrer en respectant les contraintes imposées par l'instrument et les données de l'environnement économique. Les responsables politiques, syndicaux et patronaux et, finalement, les citoyens, disposent d'une liberté de choix qui peut permettre de s'engager dans la voie d'une réduction du temps de travail efficace. Ils peuvent aussi jouer un jeu collectif à somme négative en refusant les contraintes ou en s'opposant, par principe, à toute perspective de réduction du temps de travail. Seule l'Histoire permettra de trancher entre les deux scénarios.

C'est dans ce cadre que nous avons tenté d'évaluer le projet de loi sur les 35 heures du gouvernement.

L'impact du système d'aide au niveau des entreprises

Une première évaluation, microéconomique, montre que le système d'aide mis en place permet de résoudre une part importante du problème salarial posé par la réduction du temps de travail, surtout pour les entreprises à bas salaires qui pourront passer aux 35 heures avant l'échéance du 1er janvier 2000. Toutefois, le passage à 35 heures avec compensation salariale intégrale, sans gel des salaires, n'est compatible avec le maintien des coûts de production que dans les entreprises à bas salaires qui entrent dans le dispositif Aubry dès le premier semestre 1998. Pour les autres, la maîtrise des coûts de production implique une action supplémentaire :

– soit en compensant partiellement les salaires, d'autant plus faiblement que l'entreprise a un niveau de salaire élevé et/ou qu'elle entre tardivement dans le dispositif ;

– soit en gelant les salaires pendant une période d'autant plus longue que l'entreprise retarde son entrée dans la mesure et/ou que son niveau de salaire moyen est élevé ;

– soit en faisant supporter le coût des 35 heures par les hauts salaires ou les nouveaux entrants ;
– soit en allongeant, la durée d'utilisation des équipements.

La modération salariale nécessaire à la stabilisation des coûts de production peut prendre la forme d'un gel des hausses nominales de salaire, du maintien du pouvoir d'achat (toutes les augmentations au-delà de la hausse des prix sont gelées) ou de la suppression des augmentations générales de pouvoir d'achat (les salaires sont indexés sur les prix et les augmentations individuelles liées à l'ancienneté et à la carrière sont maintenues). Selon l'option retenue, la période de modération salariale, pour un salaire moyen, est comprise entre 1 et 3 ans, pourvu que l'entreprise entre rapidement dans le dispositif. Quant à la réorganisation, elle peut permettre le financement intégral de la compensation salariale dans les situations où l'allongement de la durée d'utilisation des équipements est possible. Il en va ainsi, par exemple, lorsque l'on peut faire alterner cinq salariés, travaillant quatre jours pendant 8 heures 3/4, sur quatre postes de travail fonctionnant sur cinq jours.

Les possibilités de maîtrise des coûts du passage aux 35 heures sont donc multiples et peuvent, bien évidemment, être combinées. Le délai de deux ans prévu avant la baisse de la durée légale est suffisant pour que les négociations aboutissent à un équilibre satisfaisant à la fois les entreprises et les salariés. Ces derniers ne peuvent pas, dans leur très grande majorité, prétendre échapper totalement à l'effort et ignorer l'existence des coûts générés par le passage aux 35 heures. Ils peuvent toutefois apprécier les contreparties de cet effort : plus de temps libre, des créations d'emplois supplémentaires, et donc une diminution du risque de chômage pour eux-mêmes et leurs enfants. Ils peuvent aussi relativiser le niveau de l'effort qui devrait leur être demandé : dans la très grande majorité des cas la compensation salariale que l'entreprise peut leur accorder, sans dégradation de ses coûts de production, dépasse largement les 50 % ; au pire, ils ne devraient donc abandonner que 5 % de leurs salaires mensuels, ce qui reste faible en comparaison des pertes de revenus associées à un licenciement, voire un départ à la retraite. Si les salariés ont vraiment la volonté de s'engager dans une action de réduction du chômage, ils peuvent donc trouver l'occasion, avec les 35 heures, de passer à l'acte. Du côté des entreprises, l'incitation est sans doute moins forte. Seule la perspective d'une plus grande souplesse de l'organisation du travail peut représenter, pour elles, un changement bénéfique. De manière annexe, des embauches supplémentaires peuvent aussi présenter l'avantage d'un rajeunissement de la main-d'œuvre. Mais, pour le reste, elles peuvent seulement espérer ne pas avoir à subir une augmentation des coûts de production en raison de la baisse du temps de travail. Il n'est pas étonnant qu'elles soient, dès lors, peu motivées par une évolution qui présente des risques si elles n'arrivent pas à maîtriser la négociation, et qui peut entraîner, si les 35 heures débouchent sur une baisse effective du chômage, sur un renforcement du pouvoir de négociation des salariés. Ce qui est visé par les 35 heures, la baisse du chômage, n'est pas un objectif spontané des acteurs micro-économiques.

Pour amener les entreprises et les salariés à s'engager dans le mouvement de la réduction du temps de travail, le gouvernement a choisi la voie législative, tout en laissant de la place pour la négociation, en prévoyant un délai entre l'annonce de la baisse de la durée légale du travail et son application au 1er janvier 2000. Il a prévu d'autre part des incitations financières pour inciter les partenaires sociaux à mettre en place les 35 heures plus rapidement. Nous avons tenté d'évaluer ce qu'il est possible d'attendre de ce dispositif au plan macro-économique.

L'impact du dispositif au niveau macro-économique

Il est assez difficile d'imaginer ce qu'il adviendra du projet de loi sur les 35 heures. Les entreprises maintiendront elles un veto de fait, comme les y invite le CNPF, en refusant de négocier avec les salariés les conditions du passage à 35 heures en 2000 ? Les salariés accepteront-ils les contraintes qui pèseront nécessairement, immédiatement ou à terme, sur leurs rémunérations ? Le gouvernement restera-t-il inflexible ou sera-t-il contraint à la réduction voire à l'abandon de son projet ? Bien des scénarios sont envisageables. Pourtant, les analyses micro-économiques de la situation réelle à laquelle les entreprises et leurs salariés sont confrontés, montrent que les difficultés sont surmontables et que, moyennant la volonté d'aboutir, de nombreux arrangements sont possibles qui permettent de répartir le coût, inévitable, de la réduction du temps de travail de manière équitable et économiquement supportable.

Dans le scénario que nous avons retenu, le gouvernement maintient son projet et lui confère une crédibilité suffisante. Les entreprises connaissent à l'avance le cadre légal qui leur sera imposé et préparent le passage aux 35 heures en minimisant leurs coûts. Les salariés, conscients des contraintes de la situation, cherchent à négocier au mieux les conditions de la réduction de la durée du travail.

Le principal point de négociation entre les entreprises et les salariés est constitué par la compensation salariale. Les entreprises cherchent à maintenir leurs coûts et les salariés leurs salaires. Même si elle ne permet pas une compensation intégrale pour tous, l'aide mise en place par le gouvernement facilite grandement cette négociation. L'objectif de l'entreprise est d'obtenir une compensation salariale de l'ordre de 70 % (35 heures payées 37,8). Ce chiffre vaut en moyenne et les bas salaires, du fait de la revalorisation du SMIC, seront compensés intégralement. De plus, cette aide est accessible avant la baisse de la durée légale. Elle constitue une incitation, pour les entreprises comme pour les salariés, à négocier et à appliquer la réduction de la durée du travail avant la baisse légale. Elle permet surtout d'éviter un passage à 35 heures imposées par l'un ou l'autre des partenaires et privilégie l'ouverture du « dialogue social ».

A contrario, si les entreprises ou les salariés jugent que l'annonce de la baisse de la durée légale n'est pas crédible, soit parce qu'il paraît que des obstacles politiques empêcheront le gouvernement de mener son projet jusqu'à son terme, soit parce que les agents anticipent que l'Administration n'aura pas les moyens ou la volonté de sanctionner ceux qui contreviendraient à la loi, il est clair que la position rationnelle serait alors de ne rien faire. Dans ce cas, il ne faudrait rien attendre du projet de loi proposé par le gouvernement.

C'est sur la base de l'hypothèse qu'il existera une bonne volonté partagée des salariés et des entreprises que nous avons essayé de quantifier le scénario de passage aux 35 heures tel qu'il résulte du projet de loi du gouvernement.

Par rapport aux hypothèses des simulations antérieures des effets d'une baisse à 35 heures de la durée légale du travail, le projet de loi de Martine Aubry introduit deux modifications importantes. En premier lieu, le champ d'application de la baisse de la durée du travail est fortement réduit par l'exclusion des entreprises de moins de 20 salariés jusqu'en 2002. Les salariés concernés d'ici cette date représentent 70 % des effectifs du secteur marchand. Si l'on tient compte en outre des salariés qui travaillent déjà moins de 35 heures, le champ d'application effectif est encore réduit à un peu plus de la moitié des salariés du secteur marchand.

La seconde modification introduite par le projet de loi concerne l'aide de l'État et le calendrier de la réduction du temps de travail. L'aide finale, permanente, n'est pas précisée, mais on peut penser qu'elle sera de l'ordre de 5 000 francs par salarié et par an, c'est-à-dire du montant de celle qui est prévue par le projet de loi pour la phase finale du système. Cette aide représente environ 3 points de cotisations sociales sur le salaire moyen. Le système intermédiaire apporte une aide plus importante, de l'ordre de 6 points de cotisations, pour les entreprises qui s'engageront dès le premier semestre 1998. Ce dispositif présente par ailleurs le défaut de ne pas être indexé. Il en résulte un léger affaiblissement des aides au cours du temps.

Les entreprises et les salariés disposent de deux années pleines pour trouver les arrangements nécessaires à la mise en œuvre de la réduction du temps de travail. Le niveau moyen et les modalités de la compensation salariale, au-delà du SMIC, restent du ressort des partenaires sociaux et ce sont les négociations qui détermineront les conditions concrètes du passage aux 35 heures. Il est difficile d'anticiper sur leurs résultats, mais on peut risquer quelques hypothèses. En premier lieu, les entreprises à bas salaires devraient logiquement s'engager rapidement dans le processus. C'est en anticipant l'application des 35 heures qu'elles peuvent en effet résoudre le plus facilement la question salariale. D'autre part, elles sont aussi les entreprises dans lesquelles les embauches sont les plus faciles à réaliser rapidement. Il existe donc un vivier d'entreprises qui peuvent passer à 35 heures dès 1998. Pour les autres, dans lesquelles les salaires sont plus élevés, les délais peuvent être plus longs, à la fois parce que les aides sont moins incitatives et parce que, au fur et à mesure que l'on s'élève dans la hiérarchie salariale, les difficultés d'embauche et les réformes de l'organisation et du contrôle du temps de travail deviennent plus prégnantes. Si bien qu'il est réaliste d'étaler dans le temps le passage au 35 heures. Nous avons retenu l'hypothèse d'une montée en charge régulière en 1998 et 1999 (1/3 du champ en 1998, 1/3 en 1999 et 1/3 au 1er janvier 2000), l'intégralité des entreprises ayant basculé au 1er janvier 2000. Une montée moins rapide n'aurait comme conséquence que de reculer dans le temps, et de concentrer sur la fin de la période, les effets décrits par la simulation.

L'impact du dispositif Aubry
(champ limité aux entreprises
de plus de 20 salariés du secteur marchand)

Écart cumulé au compte de référence

	1998	1999	2000	2001	2002	2003
PIB marchand en volume	0,1	0,2	0,3	0,2	0,2	0,1
Contributions à la croissance						
Importations	0,0	– 0,1	– 0,1	– 0,1	– 0,1	– 0,2
Consommation des ménages	0,1	0,2	0,3	0,3	0,3	0,4
FBCF totale	0,0	0,1	0,1	0,1	0,0	– 0,1
Exportations	0,0	0,0	0,0	0,0	0,0	0,0
Demande intérieure	0,1	0,3	0,4	0,4	0,3	0,2
Solde extérieur	0,0	– 0,1	– 0,1	– 0,1	– 0,1	– 0,1
Prix de la consommation des ménages	0,0	– 0,1	– 0,1	0,1	0,4	0,8
Salaire horaire réel	1,5	3,1	4,6	4,7	4,8	4,9
Durée du travail	– 2,1	– 4,1	– 6,1	– 6,0	– 6,0	– 6,0
Compensation salariale ex-post	73 %	75 %	75 %	78 %	80 %	81 %
Effectifs totaux *(en milliers)*	159	315	479	459	451	442
Demandes d'emploi non satisfaites *(en milliers)*	– 95	– 189	– 288	– 276	– 271	– 265
Taux de chômage *(en point)*	– 0,4	– 0,8	– 1,2	– 1,1	– 1,1	– 1,1
Capacité de fin. (écart en point de PIB)						
Sociétés et quasi-sociétés	0,1	0,1	0,0	– 0,1	– 0,2	– 0,3
Ménages et entreprises individuelles	0,0	0,0	0,0	0,0	0,0	0,1
Administrations	– 0,1	– 0,1	0,0	– 0,1	– 0,1	– 0,1
Extérieur	0,0	0,1	0,1	0,1	0,2	0,2

Source : Simulation réalisée avec le modèle Mosaïque de l'OFCE.

En ce qui concerne le niveau de la compensation salariale, nous avons supposé qu'elle serait de 69,5 % en moyenne (72 pour les entrés en 1998, 70 au premier semestre 1999, 69 au second et 67 en 2000), ce qui permet la compensation à 100 % pour les bas salaires (et inclut donc la revalorisation du SMIC horaire au 1er janvier 2000) et, pour les entreprises, le maintien des coûts salariaux à un niveau inchangé. En moyenne, cette compensation correspond à 35 heures payées 37,8.

Toujours en partant du principe d'un succès des négociations, nous avons supposé un effort de réorganisation du travail permettant le maintien des durée d'utilisation des équipements.

Enfin nous avons supposé des gains de productivité horaire du travail de 5,1 %. Ces gains de productivité sont plus importants que ceux qui sont retenus habituellement mais nous avons supposé ici des embauches correspondant au niveau requis pour bénéficier des aides. Si les gains de productivité étaient plus faibles (de 3 % par exemple), il faudrait majorer l'impact sur l'emploi de 150 à 200 000.

Par souci de clarté, nous avons préféré nous limiter à la simulation des effets de la politique connue, qui concerne principalement les plus de 20 salariés. Il convient donc, pour apprécier les résultats obtenus, de garder en mémoire le fait que l'impact sur l'emploi au-delà de l'année 2002 est minoré par l'absence de réduction du temps de travail dans les petites entreprises, même si la loi leur permet de réduire le temps de travail avant cette date.

Sous ces hypothèses, la simulation du passage à 35 heures des seules entreprises de plus de 20 salariés conduit à une hausse supplémentaire de l'emploi de l'ordre de 150 000 par an en moyenne au cours des années 1998-2000, et à une réduction du taux de chômage de plus d'un point à l'horizon 2000 (cf. tableau).

Ce résultat est obtenu sans dégradation de l'équilibre macro-économique puisque la croissance est pratiquement inchangé, le coût en inflation est très limité et les finances publiques ne sont pas dégradées à moyen terme. Le coût par emploi créé pour les administrations publiques est en moyenne et en termes réels de 25 000 francs 1998 par an. Il s'agit d'un résultat remarquable qu'aucune autre politique de l'emploi ne peut égaler. Sa réussite ne dépend par ailleurs que des décisions et de la volonté des acteurs internes de l'économie française.

Si les négociations conduisaient à une compensation salariale intégrale (35 heures payées 39), les créations d'emplois seraient amputées de 130 000 à l'horizon de notre évaluation et l'impact sur les prix serait alors beaucoup plus fort (de l'ordre d'un demi point d'inflation en plus par an). Il s'en suivrait des modifications des conditions de concurrence dans le pays, entre les entreprises qui réduisent et celles qui ne réduisent pas et, *a fortiori*, entre la France et ses partenaires.

Outre ce scénario où les salariés refuseraient d'abandonner une partie de leur salaire, il existe un scénario « symétrique » dans lequel les entreprises bloqueraient le processus. La réduction de la durée du travail effective serait alors nulle et l'application de la législation des heures supplémentaires (sans tenir compte du contingent de 130 heures annuelles) conduirait à un renchérissement du coût du travail et à la destruction d'environ 100 000 emplois.

La simulation des conséquences plausibles de la loi sur les 35 heures ne fait que confirmer les résultats des travaux déjà réalisés dans la passé. Il faut cependant observer que les résultats quantitatifs que l'on peut attendre sont bien moindre que ceux que l'on pourrait espérer d'une politique plus vaste de partage du travail, incluant l'ensemble des salariés, y compris ceux du secteur public et des petites entreprises et, pourquoi pas, une bonne part des non salariés. Le choix du gouvernement a été de limiter son ambition. D'un côté, on peut regretter cette modération qui interdit d'envisager que les 35 heures aident plus fortement à retrouver le plein emploi. D'un autre côté, on peut apprécier favorablement le fait qu'en réduisant l'objectif on rend plus crédible sa réalisation concrète. En particulier, les arguments usuels qui s'opposent à un partage massif de l'emploi et des revenus, comme la non substituabilité des chômeurs et des heures libérées, ou l'impossibilité d'une compensation salariale très limitée, perdent de leur pertinence du simple fait du changement d'échelle du partage du travail. Cette voie est peut-être celle qui permet de faire passer la réduction du temps de travail du champ de l'utopie à celui des réalités.

Les résultats de notre simulation montrent d'autre part que le niveau de la compensation salariale, sans être exagérément élevé, atteint en moyenne plus de 80 % en terme réels après quelques années. Il en résulte un affaiblissement progressif de l'effet emploi des 35 heures. Pour corriger cette dérive, une politique des revenus, réglant les hausse de salaires sur celles de la productivité du travail, pourrait, théoriquement, être efficace. Elle implique qu'au-delà de la négociation immédiate des 35 heures, les partenaires sociaux s'engagent dans un processus de maîtrise collective du partage du revenu. Cet enjeu des 35 heures est actuellement peu mis en valeur. Il est pourtant fondamental pour l'avenir à long terme de la société française. Si les partenaires sociaux, les entreprises et les salariés, viennent à bout de la négociation sur le temps de travail et trouvent la voie des accords équilibrés qui permettent d'en répartir équitablement et efficacement le coût, on peut espérer qu'ils pourront par la suite mieux maîtriser, par la négociation, le partage du revenu. Au-delà de ses objectifs immédiats, la loi sur les 35 heures propose bien un choix de société.

Résumé

Olivier Blanchard et Jean-Paul Fitoussi commencent par rappeler que l'histoire de la croissance française depuis le milieu des années soixante-dix est celle d'une décélération continue. Ce ralentissement résulte de trois causes distinctes mais interdépendantes :

– une baisse du rythme de croissance de la productivité potentielle, à partir du milieu des années soixante-dix, qui s'observe également dans la plupart des pays industrialisés ;

– une augmentation du chômage d'équilibre ;

– une insuffisance de la demande globale, depuis le début des années quatre-vingt-dix, qui correspond à une augmentation de la composante keynésienne du chômage.

Olivier Blanchard et Jean-Paul Fitoussi expliquent la montée du chômage par la succession de plusieurs séquences. Du début des années soixante-dix jusqu'au milieu des années quatre-vingt, l'aggravation du chômage fut la conséquence de revendications salariales excessives, ne s'adaptant pas au ralentissement de la productivité potentielle et aux chocs pétroliers. Depuis le milieu des années quatre-vingt, le chômage n'a pas diminué pour deux raisons. Tout d'abord, les entreprises ont à la fois reconstitué leurs marges et réduit leurs besoins en emploi pour un niveau donné de production, cette double évolution pouvant être en partie expliquée par celle des taux d'intérêt réels. Ensuite, l'augmentation du chômage depuis le début des années quatre-vingt-dix résulte d'une insuffisance de la demande, liée à une politique monétaire anormalement restrictive suivie d'une politique budgétaire également restrictive aux fins de réduire les déficits publics. De ce fait, le chômage effectif est actuellement plus élevé que le chômage structurel, ce qui laisse de la place pour une politique d'expansion de la demande avant que la baisse du chômage ne réveille les tensions inflationnistes.

La réduction à 7,5 % (soit une baisse de cinq points) en cinq ans du taux de chômage nécessiterait, selon Olivier Blanchard et Jean-Paul Fitoussi, une croissance annuelle d'environ 3,6 -3,8 %. Compte tenu des niveaux actuels des taux d'utilisation des capacités de production et de l'extension des capacités productives qui pourrait être induite par l'accélération de l'investissement et des réorganisations du travail, un tel rythme de croissance comporterait peu de risques de tensions inflationnistes sur le marché des biens.

Les politiques économiques préconisées par les auteurs pour abaisser le chômage portent à la fois sur la demande, pour réduire la composante keynésienne du chômage, et sur l'offre, pour réduire le chômage d'équilibre. La réduction des cotisations sociales sur les bas salaires, à la fois celles payées par les salariés afin de stimuler la demande et celles à la charge des employeurs pour abaisser le chômage d'équilibre, répond à ce double objectif. Afin de rester compatible avec le respect des critères de Maastricht, ces mesures devraient être progressivement mises en place, et de façon coordonnée au niveau européen, dès lors que le retour à la croissance permettra la constitution des marges de manœuvre budgétaires nécessaires. Enfin, une réforme du système d'indemnisation du chômage le rendant plus favorable à l'emploi pourrait également contribuer à abaisser le taux de chômage d'équilibre, en trouvant le bon compromis entre les exigences de la protection individuelle et les conséquences macro-économiques de cette protection.

Si, dans son commentaire, *Edmond Malinvaud*, se déclare qualitativement en accord avec l'analyse présentée par Olivier Blanchard et Jean-Paul Fitoussi, leur message lui semble cependant minimiser les problèmes.

Concernant le diagnostic du déficit de croissance et de la montée du chômage, Edmond Malinvaud exprime sa satisfaction de voir maintenant reconnue l'affirmation selon laquelle la montée du chômage au début des années soixante-dix jusqu'au milieu des années quatre-vingt était la conséquence d'une hausse excessive des salaires réels. Il lui semblerait cependant plus juste de parler de « revendications et concessions salariales excessives » plutôt que, seulement, de « revendications salariales excessives ». Compte tenu d'une sous-estimation probable de la croissance de la productivité potentielle, il lui semble que la « pression salariale » doit être considérée actuellement comme proche, et non pas supérieure, à celle du début des années soixante-dix. Enfin, pour les années quatre-vingt-dix, le déficit de la demande ne lui semble pas seulement dû à une politique monétaire et une politique budgétaire restrictives, mais aussi au désir des désendettement des agents privés (entreprises et ménages).

Du fait des gains de productivité qui pourraient être induits, via différents canaux, par une croissance plus forte, la croissance annuelle de 3,6-3,8 % calculée par les auteurs du rapport comme suffisante pour réduire de cinq points en cinq ans le taux de chômage parait sous-estimée à Edmond Malinvaud, qui l'évalue plutôt aux environs de 4 %. Or, un tel rythme de croissance lui semble présenter des risques de tensions inflationnistes sur l'utilisation des capacités de production industrielles, même dans l'hypothèse d'un redémarrage rapide de l'investissement.

Enfin, Edmond Malinvaud remarque que, si les auteurs plaident pour que soient combinées des réformes structurelles et des politiques macroéconomiques, les premières, qui ont pourtant fait l'objet dans d'autres pays de longs programmes mais qui n'ont guère de faveurs aux yeux des Français, sont peu développées dans le rapport.

Dans son commentaire, *Gilbert Cette* commence par rappeler la fragilité de tout calcul de la croissance de la productivité potentielle, du fait des incertitudes des mesures du stock de capital fixe productif et du choix normatif de l'indicateur de taux de marge mobilisé.

Il partage l'opinion d'Edmond Malinvaud sur la sous-estimation, par les auteurs du rapport, de la croissance annuelle nécessaire pour abaisser de cinq points en cinq ans le taux de chômage, croissance qu'il situe à environ 4,5 %. Aussi, les risques inflationnistes d'un tel objectif lui semblent également bien réels, sur le marché des biens, comme cela a déjà été signalé, mais aussi sur le marché du travail. En effet, les créations d'emplois correspondant à cet objectif seraient, durant cinq ans, largement supérieures à celles observées sur le passé. Il rappelle à cet égard l'épisode du haut de cycle de la fin des années quatre-vingt, où la baisse du taux de chômage de 10,5 % en 1987 à 8,9 % en 1990 s'était accompagnée d'une vive augmentation des difficultés de recrutement des entreprises et de tensions salariales marquées. Il lui semble donc que, compte tenu d'effets d'hystérèse, la contraction du chômage devrait être plus progressive pour ne pas entraîner de tensions inflationnistes sur les marchés des biens et du travail.

Concernant les effets de l'orientation des politiques monétaires et budgétaires sur les années quatre-vingt-dix, il semble à Gilbert Cette qu'il faudrait également signaler le bénéfice de plus long terme de ces orientations, notamment l'annulation progressive de la prime de risque sur les taux longs français par rapport aux taux longs allemands.

Enfin, Gilbert Cette souligne que la mobilisation, suggérée par les auteurs, des marges de manœuvre budgétaires ouvertes grâce à la reprise, est en fait une politique de soutien et d'amplification de cette reprise. D'autres conditions, comme le maintien en Europe de bas taux d'intérêt, garantiront davantage la pérennité de la reprise.

La seconde partie de cet ouvrage est consacrée aux réponses apportées par les administrations économiques et par les auteurs du rapport aux questions du Premier Ministre concernant le rythme de croissance nécessaire pour commencer à réduire le chômage, les perpectives de croissance et d'emploi à moyen terme, et l'impact des allégements de charges sociales sur le contenu en emploi de la croissance. *Paul Champsaur*, Directeur général de l'INSEE, analyse l'évolution de la population active et de la productivité, ainsi que la relation entre croissance, emploi et chômage sur longue période en soulignant le rôle du temps partiel et de l'allégement du coût du travail peu qualifié dans l'augmentation du contenu en emploi de la croissance. *Claude Seibel*, Directeur de la DARES, évalue l'enrichissement récent du contenu en emploi de la croissance à 0,5 point par an se décomposant pour deux-tiers en réduction du temps de travail résultant du développement du temps partiel et un tiers en effet de la baisse du coût du travail peu qualifié. *Jean-Philippe Cotis*, Directeur de la Prévision, évoque l'écart entre la croissance potentielle et la croissance effective et conclut que, compte tenu d'un déficit de demande proche de 4 % du PIB, la France pourrait soutenir sans accélération de l'inflation une croissance de 3 % l'an pendant quatre ou cinq ans.

En conclusion, *Jean-Paul Fitoussi* évoque la complémentarité entre la croissance et la réduction du temps de travail, d'une part parce qu'à long terme la croissance rend solvable la demande de loisirs, d'autre part parce que la réduction du temps de travail permet, en terme d'emploi, d'économiser l'équivalent de deux points de croissance. Par rapport aux évaluations du rapport, il « suffirait » alors que le taux de croissance s'établisse entre 3,2 et 3,4 % en moyenne pour revenir en 5 ans à un taux de chômage de 7,5 %.

Trois annexes de la DARES, la Direction de la Prévision, l'INSEE et l'OFCE apportent des éclairages sur les perspectives macro-économiques à moyen terme, la croissance potentielle, et l'impact sur l'emploi de la politique de réduction du temps de travail.

Summary

Growth and Unemployment

The history of French growth since the middle of the 1970s is one of continuous deceleration. This slackening of growth is the result of three distinct but interdependent causes :

- the fact that the growth rate of potential productivity has slowed down after the middle of the 1970s, a feature which one also observes in most of the industrialized countries;
- an increase of the equilibrium rate of unemployment;
- a shortage of global demand since the begining of the 1990s, which means an increase of the Keynesian component of unemployment.

Olivier Blanchard and *Jean-Paul Fitoussi* explain this rise in unemployment by a succession of sequences. From the beginning of the 1970s until the middle of the 1980s, the worsening of unemployment was the consequence of excessive wage claims, which had not adapted to the slackening of potential productivity nor to the oil-shocks. Since the middle of the 1980s, unemployment hasn't decreased for two reasons. First, firms have both rebuilt their margins and reduced their needs for jobs for a given level of production; this double trend can partly be explained by the evolution of real interest rates. Furthermore, the rise of unemployment since the begining of the 1990s is the result of a shortfall in demand, itself related to an abnormally restrictive monetary policy followed by an equally restrictive fiscal policy in order to reduce public deficits. Hence, effective unemployment is now higher than structural unemployment, which leaves room for a demand expansion policy before the drop in unemployment wakes up inflationary tensions.

Bringing the unemployment rate down to 7.5% (i. e. a reduction of 5 percentage points) in 5 years'time would require, according to Olivier Blanchard and Jean-Paul Fitoussi, an annual growth rate of around 3.6 to 3.8%. Given the present levels of the utilization rate of production capacities and the extension of productive capacities which could be brought about by the acceleration of investment and by labor reorganizations, it would be very unlikely that such a growth rate should awake inflationary tensions on the goods'market.

The economic policies which are recommended by the authors to reduce unemployment involve both demand - in order to reduce the Keynesian component of unemployment - and supply policies, in order to reduce the equilibrium rate of unemployment. Reducing social contributions on low wages (both those paid by workers so as to stimulate demand and those supported by employers so as to reduce the equilibrium rate of unemployment) is a way of achieving this double goal. In order for them to remain compatible with the respect of the Maastricht criteria, these measures should be gradually implemented and coordinated at the European level, from the moment that growth recovery will allow to find rooms for manuvre on the fiscal side. Finally, a moderate reduction in unemployment compensations could accompany the return to job creation, so as to help to bring the equilibrium unemployment rate down, by finding a correct compromise between the requirements of individual protection on the one hand and the macro-economic consequences of this protection on the other hand.

In his comment, *Edmond Malinvaud* agrees from a qualitative standpoint on the analysis put forward by Olivier Blanchard and Jean-Paul Fitoussi; however, he considers that their message minimizes the problems.

Considering the diagnosis of the growth deficit and the rise in unemployment, Edmond Malinvaud is pleased by the now unreserved presentation of the statement according to which the rise in unemployment from the begining of the 1970s until the middle of the 1980s was the consequence of an excessive increase in real wages. He would however have thought more accurate to mention «excessive wage claims and concessions» rather than only «excessive wage claims». Given the likely underestimation of the growth of potential productivity, he believes that the present wage pressure should be considered near - but not superior - to its level in the 1970s. Lastly, during the 1990s, the lack of demand doesn't seem to him to be only due to restrictive monetary and fiscal policies but also to the desire of firms and households to get rid of their debts.

The growth rate of 3.6 to 3.8% which has been calculated by the authors as being sufficient to reduce the unemployment rate by 5 points in five years'time seems underestimated to Edmond Malinvaud who evaluates it to around 4% given the productivity gains that could be brought about by higher growth through different channels. But he reckons that such a growth rate would present risks of inflationary tensions on the utilization of production capacities in the manufacturing sector, even if one assumes a rapid recovery of investment.

Finally, Edmond Malinvaud points out that structural reforms that are advocated by the authors (in combination with macro-economic policies) and which have been the object of large programmes in other countries (but which do not seem to be very attractive to French opinion), are not very developed in the report.

In his comment, *Gilbert Cette* starts by recalling how fragile any calculation on the growth of potential productivity is, because of uncertainties in measuring the stock of fixed productive capital, and its evolution, and because of the normative choice of the index of the margin ratio. He agrees with Edmond Malinvaud on the authors'underestimation of the annual growth which would be necessary to reduce unemployment by 5 points in five years, this growth rate being situated around 4.5% according to him. Therefore, he believes there are real inflationary risks in reaching such an objective on the goods'markets, as it has been pointed out, but also on the labor market. Indeed, job creations related to this objective would be, during five years, far superior to those which have been observed before. In this respect, he reminds us of the story of the top of the cycle at the end of the eighties, when the fall of the unemployment rate from 10.5% in 1987 to 8.9% in 1990 was accompanied by a sharp rise in firms'recruitment difficulties and by marked wage tensions. He therefore thinks that, on account of hysteresis effects, the contraction in unemployment should be made more gradual so as to avoid waking up inflationary pressures on both the goods'and the labor markets.

As for the effects of the orientations of monetary and fiscal policies during the 1990s, Gilbert Cette believes one should also point out the long term benefits of these orientations, notably the gradual cancellation of the risk premium on French long rates compared to German long rates.

Finally, Gilbert Cette emphasizes that the mobilization of budgetary rooms for manœuvre opened by the recovery and which is suggested by the authors, is in fact a policy for supporting and amplifying this recovery. Others conditions, such as keeping low interest rates in Europe will guarantee even more a long-lasting recovery.

The second part of this document includes the answers to the Prime Minister's questions concerning the growth rate which is necessary to start reducing unemployment, medium-term forecasts for growth and employment and the impact of a reduction in social contributions on the employement-content of growth; *Paul Champsaur*, Director of INSEE (Institut National de la Statistique et des Études Économiques), analyzes the evolution of labor force and productivity and the relation between growth, employment and unemployment in the long run; he emphasizes the role of part-time work and of the reduction of the cost of low-skilled labor in the increase of the job-content of growth. According to *Claude Seibel,* Director of the DARES (Direction de l'Administration, de la Recherche, des Études et des Statistiques) of the Ministry of Employment and Solidarity, the recent increase in the employement-content of growth is around 0.5 percentage point per year, two thirds of which can be explained by the reduction in working time entailed by the development of part-time work and the other third by the effect of the reduction of the cost of low-skilled work. *Jean-Philippe Cotis*, Director of Prévision (Ministry of Economy and Finances), mentions the gap between potential and effective growth and concludes that, given an output gap near to 4% of GDP, France could sustain a growth rate of 3% per year during four or five years without any acceleration of inflation.

In conclusion, *Jean-Paul Fitoussi* mentions the complementary nature of growth and working-time reduction. First of all, in the long run, growth makes the demand for leisure solvent; secondly, the reduction in working time, in terms of job-creation, is equivalent to two percentage points of GDP. Compared to the evaluations which are in the report, the growth rate would only «need» to be between 3.2 and 3.4% on average for the unemployment rate to come down to 7.5% in five years'time.

Three annexes from the DARES, the Direction de la Prévision, the INSEE and the OFCE throw light on the medium-term macro-economic perspectives, on potential growth and on the impact on employment of the policy for reducing working-time.